KB202785

"당신의 문제를 최고이신 성령님께 양도하면 최고의 작품으로 만들어 주신다."

최고이신
성령님을 만나라

박경애 지음

성령님
추천도서

내가 만난 성령님은
최고 중에 최고이시다.
당신도 이 책을 읽고
최고이신 성령님을 만나라.

날개미디어

"성령님을 만나세요"

당신은 소중한 인생을 누구와 함께 합니까?

나는 모든 일에 최고이신 성령님과 함께 합니다.

예전에 나는 아주 힘들고 어려울 때만 하나님을 찾고 매달렸습니다. 그러나 이제는 하루 24시간 그분을 찾습니다. 내 안에 가득히 계신 성령님, 나와 함께 계신 성령님으로 인해 행복합니다. 내 평생 성령님과 함께 살 것입니다.

매일 아침에 눈을 뜨는 것이 말할 수 없이 행복합니다.

내 삶의 시작부터 가장 먼저 성령님을 찾습니다.

"성령님, 안녕하세요? 행복합니다."

성령님께 말을 걸고 친밀하게 대화를 나눕니다.

"성령님, 오늘도 너무나도 행복한 날, 최고의 날, 가슴 설레는 날을 주셔서 감사합니다."

최고이신 성령님과 함께 하루를 시작하면서 종일 성령님이 내게 얼마나 좋은 것을 주실까 하고 기대합니다. 성경에 "좋은 것으로 네 소원을 만족하게 하사 네 청춘을 독수리 같이 새롭게 하시는도다"(시 103:5)라고 했습니다.

내게 이런 복이 주어질 줄은 꿈에도 몰랐습니다.

성령님 때문에 내 인생이 완전히 바뀌었습니다.

당신도 이 책을 통해 성령님을 만나세요.

나는 종일 "성령님, 성령님" 하고 많이 부릅니다.

그리고 궁금한 것이 있으면 성경을 펴놓고 성령님께 묻습니다. 그러면 성령님이 깨달음을 주십니다.

성령님과 친밀하게 교제하므로 성령 충만하고 기름 부으심이 넘치는 내 인생, 정말 알 수 없고 생각할 수 없는 희한한 내 인생, 신기하고 놀랍고 비밀스러운 내 인생, 말로 표현할 수 없는 기적의 내 인생이 되었습니다.

예수 믿는 게 이렇게 좋을 수가 없습니다.

현실은 그대로인데 내 생각은 200퍼센트 바뀌었습니다. 모든 것이 사랑스럽고 모든 것이 좋고 모든 것이 귀하고 모든 것이 아름답기만 하답니다. 나는 성령님과의 연애에 푹 빠졌고 날마다 가슴이 두근두근 설렙니다.

이게 무엇인지, 이런 인생이 있을까요?

정말 알 수 없는 내 인생이네요.

예수 믿는 게 이렇게 좋을 수가 없습니다.

내 안에 최고이신 성령님이 계십니다.

나는 날마다 순간마다 최고이신 성령님과 함께 자고 일어나고 앉고 일하고 먹고 놀고 교제하며 살아갑니다. 기이하고 놀라운 감동과 감격의 내 인생이 되었습니다.

말로 다할 수 없고 글로 다 표현할 수 없는 억만 불짜리 내 인생이 되었습니다. 예수 믿는 게 이렇게 좋을 수가 없습니다. 당신도 이 책을 읽으면 그렇게 될 것입니다.

최고이신 성령님을 구하고 찾고 두드리세요.

최고이신 성령님을 전적으로 의지하세요.

혼자 고민하며 울지만 말고 최고이신 성령님께 모든 문제를 양도하면 그분이 최고의 작품으로 만들어 주십니다.

성령님과 함께 달려가는 내 인생, 정말 신납니다.

날마다 상상할 수 없는 꿈과 소원을 주시고 믿음으로 달려가게 하신 성령님은 내 인생 최고의 코치이십니다.

예수님을 믿는 게 이렇게 좋을 수가 없네요.

"성령님, 좋아요. 정말 좋아요. 성령님, 억만 번이나 감사합니다. 성령님, 억만 번이나 사랑합니다. 성령님, 억만 번이나 기대합니다. 성령님, 억만 번이나 사모합니다. 성령님, 억만 번이나 좋습니다. 예수님을 믿는 게 이렇게 좋을 수가 없습니다. 천국 같이 행복합니다."

　당신도 이 책을 읽고 꼭 예수님을 믿기 바랍니다.

　예수님을 믿으면 행복해집니다.

2024년 6월 20일

보배롭고 존귀한 하나님의 딸 **박경애** 권사

[목차]

머리말. "성령님을 만나세요" / 3

제 1부. 최고이신 성령님을 만나라 / 11
제 2부. 웃음을 가득 주신 성령님 / 19
제 3부. 풍성히 누리게 하신 성령님 / 29
제 4부. 빛이신 성령님 / 35
제 5부. 창조적인 인생을 살라 / 43
제 6부. 혼자만의 자기 계발 시간을 가지라 / 49
제 7부. 자존감을 높이신 성령님 / 53
제 8부. 책을 써내게 하신 성령님 / 63
제 9부. 무익한 말은 하지 마라 / 75
제 10부. 내 안에 빛이 가득하다 / 85
제 11부. 성령님은 크신 분이다 / 93
제 12부. 성령님께 양도하라 / 99
제 13부. 성령님께 목숨을 양도하라 / 107
제 14부. 성령님께 물으라 / 121

제 15부. 사람의 영광을 구하지 마라 / 123

제 16부. 성령님이 가장 큰 재산이다 / 129

제 17부. 많은 사람을 부요케 하라 / 135

제 18부. 조급한 마음을 버리라 / 143

제 19부. 성령님과 동행하라 / 151

제 20부. 성령님은 하나님이시다 / 165

제 21부. 좋은 습관을 만들어라 / 173

제 22부. 책으로 전도하고 선교하라 / 189

제 23부. 온전한 복음을 믿으라 / 201

but God has revealed it to us by his Spirit.
The Spirit searches all things, even the deep things of God.
(1 Corinthians 2:10)

오직 하나님이 성령으로 이것을 우리에게 보이셨으니
성령은 모든 것 곧 하나님의 깊은 것까지도 통달하시느니라.
(고린도전서 2:10)

최고이신 성령님을 만나라

성령님, 어떻게 할까요?

당신은 무슨 일을 할 때 누구에게 물어봅니까?

나는 어떤 것을 결정할 때 부모님께 많이 물었습니다.

그런데 어떤 건 부모님에게 얘기할 수 없는 것이 있고 또 부모님이 해결할 수 없는 것도 있었습니다. 그래서 이건 어떡할까 하면서 가까운 사람을 찾기도 했는데, 그래도 답답하기만 하고 어떤 문제는 해결이 안 되었습니다.

그래서 성령님을 찾았습니다. 성령님께 물어보면 즉시

대답해 주시는 것도 있고 시간이 좀 걸리는 것도 있었습니다. 이렇게 쉬운 것, 편한 것, 좋은 것, 확실한 것을 두고 그동안 많이 힘들게 살았습니다. 이제는 압니다.

성령님이 최고이십니다.

한편으로는 아직도 내가 자꾸 하려고 합니다. 나도 모르게 내 생각이 앞서 갑니다. 성령님이 주인이신데 내가 주인인 것처럼 행세합니다. 그럴 때 나는 회개합니다.

"성령님, 도와주세요. 말씀해 주세요. 온전히 성령님께 200퍼센트 묻고 200퍼센트 응답 받고 싶어요. 성령님, 내 인생이 평생 성령님께 묻는 인생, 성령님의 음성을 듣고 사는 인생이 되게 해주세요. 꼭 그렇게 살고 싶어요."

세밀하게 챙겨 주시는 성령님

나는 주일에 교회 안내 위원으로 섬기고 있는데, 곱게 예쁘게 멋지게 차려 입고 하나님 아버지가 기뻐하시는 안내를 서고 싶습니다. 그래서 성령님께 '이번 주는 어떤 옷을 입을까요?'라고 묻습니다. 그러면 알려주십니다.

'오늘은 어떻게 해야 되나요? 이 옷도 입고 싶고 저 옷도 입고 싶어요'라고 생각하고 말하면 성령님이 그 날 가장 적합한 옷을 입게 해주십니다.

한번은 부츠를 신으려면 좁은 바지를 하나 사야 된다고 생각했습니다. 그런데 누가 바지랑 티를 보내 왔습니다.

나는 전에 했던 생각을 잊고 "이 좁은 바지를 왜 보냈지?"라고 했는데 성령님께서 안내할 때 입으라고 주신 바지였습니다. 이렇게 내가 생각만 해도 성령님은 다 이루어 주십니다. 성령님은 세밀하게 챙겨 주시는 분입니다.

책을 쓸 때 성령님만 높이라

또 한 번은 이런 생각을 했습니다.

'성령님, 제가 책을 꼭 써야 됩니까? 별로 할 말도 없고 어떻게 써야 되는지 모르겠습니다. 정말 써야 됩니까?'

나는 너무 답답해서 '성령님, 어떡해요? 가르쳐 주세요. 가르쳐 주세요. 가르쳐 주세요. 어떡해요?'라며 고민하며 중얼거리고 있는데 성령님이 이런 생각을 주셨습니다.

'내 이름을 높이는 글을 쓰면 된다.'

나는 깜짝 놀랐습니다.

'성령님, 좋아요. 좋아요. 억만 번이나 감사해요. 감사합니다. 기쁜 마음, 즐거운 마음으로 책을 쓸게요.'

그래서 기쁜 마음, 즐거운 마음, 편안한 마음으로 이 책을 쓰게 되었습니다. 성령님은 글이 저절로 술술 나오게 해주셨습니다. 나는 좋아서 이렇게 기도했습니다.

　"하나님을 마음껏 높일게요. 감사합니다."

　너무 좋아서 입을 크게 벌려 하나님을 높였습니다.

　모든 것이 하나님의 은혜라고, 하나님이 다 하셨다고, 예수님 때문에 말할 수 없이 행복하다고 고백했습니다.

　사람들은 뭐가 그렇게 좋으냐고 묻습니다.

　나는 덩실덩실 춤추며 "성령님이 함께 하신다"고 말합니다. 그런데 어떤 사람은 나를 싫어합니다. 그런 얘기 그만하라고, 하나님 빼고 말하라고, 말없이 행동만 하라고, 나와 가까이 하기 싫다며 전화를 뚝 끊습니다.

　그래도 괜찮습니다. 성령님만 계시면 행복합니다.

　'성령님, 이래요. 저는 성령님을 많이 높이고 싶은데 사람들이 싫어합니다. 어떻게 해야 됩니까? 성령님.'

　그러면 주님은 내게 책을 쓰라고 하십니다.

　나는 성령님께 물어보면서 이 글을 쓰고 있습니다.

　'성령님, 우리 식구에게도 형제자매에게도 모든 사람에게도 성령님을 높이게 해주세요. 성령님이 최고라고요.'

　내게 있는 가장 좋은 것을 모든 사람에게 나눠주고 싶은데 그것은 바로 성령님이십니다. 성령님은 최고의 선물입니다. 지금은 성령님의 시대이므로 성령님의 이름을 많이 불러야 합니다. 이렇게 중얼거리며 성령님을 부르세요.

"성령님, 놀라우신 성령님, 존귀하신 성령님. 억만 번이나 감사합니다. 억만 번이나 사랑합니다."

성령님과 함께 마음껏 웃으며 살라

당신은 성령님 때문에 웃고 있습니까?

나는 성령님 때문에 매일 웃음이 그치지 않습니다.

성령님은 웃음을 주시는 분입니다. "웃음을 네 입에, 즐거운 소리를 네 입술에 채우시리니."(욥 8:21)

당신은 하나님이 주신 웃음을 생각해 보았습니까?

하나님은 웃음을 선물로 주셨습니다. 웃을 수 있다는 것이 얼마나 큰 복입니까? 웃음은 입안에 담을 수 있는 큰 보물인데 성령님은 이런 보물을 내게 많이 주셨습니다.

최고이신 성령님은 내가 입을 닫았다 열었다 할 때마다 수많은 좋은 것들을 꺼내게 해주셨는데 그 중에 '웃음'이란 세상의 그 어떤 보석보다 아름답고 빛나는 보석을 주셨습니다. 나는 "성령님" 하고 부를 때마다 입을 크게 벌리고 입 꼬리는 올리고 눈꼬리는 내리고 활짝 웃습니다.

성령님은 웃음보따리를 내게 안겨 주셨습니다.

나는 하루를 열면서 입을 쭉 올리고 웃음으로 하루를 시작합니다. 〈긍정의 힘〉을 쓴 조엘 오스틴 목사님은 웃는 목사님입니다. 그분은 늘 웃고 웃음을 흘리며 다닙니다.

당신도 늘 웃고 웃음을 흘리며 다니기 바랍니다.

한 집사님이 그 교회 근처로 이사 갔습니다. '교회를 어떻게 정할까?' 하고 고민하던 중 동네 마트에 가서 물어봤는데 점원이 손으로 가리키며 말했습니다.

"저 교회에 가면 좋아요. 저 교회에서는 예배 끝나고 나오면 모두 웃고 나와요. 저 교회에 한 번 가보세요."

하나님은 빛이시니까 하나님의 자녀들은 늘 환하게 웃으며 살아야 합니다. 늘 기쁘고 행복하게 입을 쭉 벌리고 밝게 웃으며 살아야 합니다. 이것이 하나님의 뜻입니다.

시편에는 '성도의 웃음'에 대해 이렇게 말씀합니다.

"여호와께서 시온의 포로를 돌려보내실 때에 우리는 꿈꾸는 것 같았도다. 그 때에 우리 입에는 웃음이 가득하고 우리 혀에는 찬양이 찼었도다. 그 때에 뭇 나라 가운데에서 말하기를 여호와께서 그들을 위하여 큰일을 행하셨다 하였도다. 여호와께서 우리를 위하여 큰일을 행하셨으니 우리는 기쁘도다. 여호와여, 우리의 포로를 남방 시내들 같이 돌려보내소서. 눈물을 흘리며 씨를 뿌리는 자는 기쁨으로 거두리로다. 울며 씨를 뿌리러 나가는 자는 반드시 기쁨으로 그 곡식 단을 가지고 돌아오리로다."(시 126:1~6)

웃음이 가득한 삶을 살기 바랍니다.

웃음을 가득 주신 성령님

당신은 입에 웃음이 가득한 삶을 삽니까?

나는 입에 웃음이 가득합니다. 그래서 시도 때도 없이 실룩실룩 계속 웃습니다. 성령님은 빛이시고 웃음을 주시는 분입니다. 그분은 당신의 모든 슬픔이 변하여 기쁨이 되게 하시는 분입니다. "하나님의 나라는 먹고 마시는 것이 아니요 오직 성령 안에서 의와 평강과 희락이다"(롬 14:17)라고 했습니다. 희락은 '기쁨과 즐거움'입니다.

우리는 왜 웃음이 가득한 삶을 살아야 할까요?

첫째, 하나님께서 구원의 복을 주셨기 때문입니다.

"여호와께서 시온의 포로를 돌려보내실 때."(시 126:1)

주님께서 시온에서 잡혀간 포로와 같은 우리를 시온으로 돌려보내신 것입니다. 우리는 원래 시온 같이 행복한 곳에서 살았던 사람입니다. 시온은 '에덴동산'을 의미하며 에덴은 기쁨과 즐거움, 행복이 가득한 동산입니다.

그곳에는 죄와 목마름, 병과 가난, 어리석음과 징계와 죽음이 하나도 없었습니다. 오직 의와 성령 충만, 건강과 부요함, 지혜와 평화와 생명만 가득했습니다.

그런데 우리의 조상 아담과 하와가 죄를 지음으로 말미암아 저주가 하수처럼 흘러 들어왔고 모든 것이 불행해졌습니다. 기쁨은 사라지고 슬픔이 들어왔습니다. 행복이 사라지고 염려와 근심이 가득해졌습니다. 자유는 사라지고 이 세상 임금인 마귀가 주인이 되어 다스리게 되었습니다.

하지만 하나님의 아들 예수님이 이 땅에 오셔서 우리를 대신하여 십자가에 달려 피와 물을 쏟으며 죽으셨고 사흘 만에 부활하셨습니다. 마귀의 정사와 권세를 깨뜨리셨습니다. 그로 인해 우리는 구원과 자유를 얻게 되었습니다.

둘째, 우리가 구원받고 자유를 얻은 것이 꿈만 같기 때문입니다. "우리는 꿈꾸는 것 같았도다."(시 126:1)

사람이 아무리 많은 돈과 명예, 권세와 학벌, 건물과 땅을 가져도 구원 받을 수 없습니다. 천천만만의 염소와 송아지의 피를 흘려도 구원 받을 수 없습니다. 우리는 우리 힘으로는 절대로 구원을 받을 수 없는 존재입니다.

예수님은 많은 재물 때문에 근심하며 돌아간 한 부자 청년을 보시며 "사람으로는 할 수 없다. 하나님만 하신다"고 하셨습니다. 그 청년은 어릴 때부터 계명을 하나도 빠짐없이 다 지켰지만 그것으로도 구원받을 수 없었습니다.

단 한 사람도 율법의 행위로 구원 얻을 수 없습니다.

율법의 행위로 하나님 앞에 의롭다 함을 얻을 육체가 한 명도 없습니다. 모든 율법을 다 지켰다 할지라도 10점밖에 되지 않습니다. "나는 모태 신앙이고 한 번도 새벽 기도회를 빠지지 않았기 때문에 100점인데요"라고 할지라도 그것으로 의롭다 함을 얻지 못합니다.

하나님 앞에서 의로워지려면 10점이나 100점이 아닌 억만 점이 되어야 합니다. "평생 노력하면 억만 점을 얻을 수 있지 않을까요?" 억만 점의 갑절이라도 안 됩니다.

하나님은 억만 점에서 1점이라도 모자라면 죄인이고 모두 죄의 형벌로 지옥에 가야 한다고 말씀하십니다. 자비하신 하나님께서는 다른 방법을 정하셨습니다. 무엇일까요?

"그러므로 율법의 행위로 그의 앞에 의롭다 하심을 얻

을 육체가 없나니 율법으로는 죄를 깨달음이니라. 이제는 율법 외에 하나님의 한 의가 나타났으니 율법과 선지자들에게 증거를 받은 것이라. 곧 예수 그리스도를 믿음으로 말미암아 모든 믿는 자에게 미치는 하나님의 의니 차별이 없느니라. 모든 사람이 죄를 범하였으매 하나님의 영광에 이르지 못하더니 그리스도 예수 안에 있는 속량으로 말미암아 하나님의 은혜로 값없이 의롭다 하심을 얻은 자 되었느니라."(롬 3:20~24)

한 명도 예외 없이 모든 사람은 오직 예수 그리스도를 믿음으로써만 의롭게 됩니다. "사람이 의롭게 되는 것은 율법의 행위로 말미암음이 아니요 오직 예수 그리스도를 믿음으로 말미암는 줄 알므로 우리도 그리스도 예수를 믿나니 이는 우리가 율법의 행위로써가 아니고 그리스도를 믿음으로써 의롭다 함을 얻으려 함이라. 율법의 행위로써는 의롭다 함을 얻을 육체가 없느니라."(갈 2:16)

예수를 구주로 믿고 구원을 얻는 것, 이것은 사람의 힘으로는 절대 안 됩니다. 사람들이 말합니다. "아무리 믿으려고 해도 안 믿어져요." 성령님이 믿게 하셔야 됩니다.

내가 이렇게 예수를 구주로 믿고 구원을 얻고 마귀의 포로에서 자유를 얻었다는 것은 꿈만 같은 일입니다.

그래서 내 입가에 웃음이 가득한 것입니다.

"우리는 꿈을 꾸는 사람들 같았도다."

당신이 구원 받고 하나님의 자녀가 되어 행복하게 살고 있다는 것이 꿈을 꾸는 것 같지 않습니까? 이것보다 더 큰 자유와 행복, 기쁨과 만족은 어디에도 없습니다.

이것을 세상 어떤 보화보다 크고 귀하게 여겨야 합니다. 예수 그리스도가 당신 안에 실제로 살아 계신다는 사실을 알고 믿는 것, 이것이 곧 '구원의 즐거움'입니다.

사람이 구원의 즐거움을 잃으면 다 잃은 것과 같습니다. 이것은 하나님이 그 아들 예수 그리스도의 보혈을 통해 값을 지불한 것입니다. 예수님은 십자가에서 "다 이루었다"(요 19:30)고 외치며 비참하게 죽으셨습니다.

그로 인해 우리가 값없이 구원을 받았습니다. 이 구원은 우리 편에서는 10원도 값을 지불하지 않았지만 하나님 편에서는 예수 그리스도의 보혈로 값을 다 지불하신 것입니다. 이 은혜는 그 무엇으로도 갚을 수 없습니다. 하나님은 그분에게 이 은혜를 자신에게 갚으라고 하지 않으셨습니다. 그런데 사람들이 하나님께 은혜를 갚으려고 다시 율법 행위로 돌아가므로 구원의 즐거움을 잃게 됩니다.

"하나님이 내게 주신 은혜를 무엇으로 보답할꼬?"(시 116:12)라는 말씀이 나오지만 하나님은 "됐다"고 말씀하십니다. 바다 같은 큰 은혜를 받은 개미가 한두 방울의 물을 모아서 그것을 갚으려고 하는 것과 같습니다. 우리가 하나님께 받은 은혜를 보답하는 길은 딱 한 가지입니다.

무엇일까요? 온 천하에 다니며 만민에게 복음을 전하는 것입니다. 그래서 바울은 "내가 이방인에게 전도할 빚을 졌다"(롬 1:14)고 했고 또 "우리는 그들에게 빚진 자다. 영적인 것을 나눠 가져야 한다"(롬 15:27)고 했습니다.

그러므로 우리는 모든 때에 모든 방법으로 모든 사람에게 하나님의 은혜의 복음을 전해야 합니다.

셋째, 웃으며 기도하고 찬송해야 합니다.

"그 때에 우리 입에는 웃음이 가득하고 우리 혀에는 찬양이 찼었도다."(시 126:2) 우리는 사람들 앞에서 그들에게 잘 보이기 위해 웃는 사람들이 아닙니다. 하나님 앞에서 그분과 사귀며 행복해서 웃는 사람들입니다.

하나님과 사귀는 것은 '기도와 찬송'입니다. 그러므로 우리는 기도하고 찬송할 때 웃으며 해야 합니다. "우는 아이 떡 하나 더 준다"는 속담이 있긴 하지만 하나님은 그분의 자녀에게 항상 기뻐하라고 하셨습니다. "주 안에서 항상 기뻐하라. 내가 다시 말하노니 기뻐하라."(빌 4:4)

우리는 배가 고파서 떡을 더 구하는 거지가 아닙니다.

집을 떠난 탕자가 "내 아버지 집에는 양식이 많다. 품꾼들도 풍족히 먹는다"고 했고 예수님은 "나는 생명의 떡이니 내게 오는 자는 결코 주리지 아니할 터이요 나를 믿는 자는 영원히 목마르지 아니하리라"(요 6:35)고 했습니다.

그렇습니다. 우리는 자신이 굶주려서 떡을 구하는 것이 아니요 자신이 목말라서 생수의 강을 구하는 자가 아닙니다. 우리 안에 생명의 떡이요 생수의 강이신 예수님이 살아 계십니다. 우리는 오직 온 천하에 다니며 만민에게 복음을 전하기 위해 말씀의 떡과 치유의 강을 구하는 자들입니다. 그러므로 웃으면서 기도하고 찬송해야 합니다.

생글생글 웃으면서 기도하면 다 응답받습니다.

생글생글 웃으면서 찬송하면 하나님이 기뻐하십니다.

"그 때에 우리 입에는 웃음이 가득하고 우리 혀에는 찬양이 찼었도다"라고 했는데 그 때가 예수님을 구주로 믿는 우리에게 이미 이루어졌습니다. 과거형이 된 것입니다.

웃음이 가득한 가운데 기도하고 찬양하기 바랍니다.

넷째, 하나님이 우리를 위해 큰일을 행하셨기 때문에 기뻐하며 뭇 나라 가운데서 복음을 전해야 합니다. "그 때에 뭇 나라 가운데에서 말하기를 여호와께서 그들을 위하여 큰일을 행하셨다 하였도다. 여호와께서 우리를 위하여 큰일을 행하셨으니 우리는 기쁘도다."(시 126:2~3)

하나님이 우리를 위해 행하신 큰일은 무엇일까요?

넓은 땅이나 고층 빌딩을 사는 것, 대기업을 일으키는 것, 공부를 잘해서 일류 대학을 졸업하고 박사 학위를 받는 것이 아닙니다. 그런 일은 아주 작은 일입니다. 교회 안에서도 그것을 큰일이라고 박수치는 경우가 많은데, 그런 작은 일을 자랑하지 말고 큰일을 자랑해야 합니다.

하나님이 우리를 위해 행하신 큰일은 '구원'입니다. 이것을 전하기 위해 뭇 나라에 가야 합니다. 성령이 임한 사람은 온 천하에 다니며 만민에게 복음을 전해야 합니다.

당신에게 성령이 임했습니까? 뭇 나라에 가서 복음을 전한다는 꿈을 갖기 바랍니다. 세계 여행은 작은 꿈이고 세계 전도는 큰 꿈입니다. '세계 비전'을 가지십시오.

"꿈이 없는 자는 방자히 행한다"고 했습니다. 꿈을 가지되 하나님의 꿈을 가지십시오. 하나님의 꿈은 당신이 세계를 다니며 예수의 증인이 되는 것입니다. 부활하신 예수님이 승천하시기 전에 제자들에게 말씀하셨습니다. "요한은 물로 세례를 베풀었으나 너희는 몇 날이 못 되어 성령으로 세례를 받으리라 하셨느니라. 그들이 모였을 때에 예수께 여쭈어 이르되 주께서 이스라엘 나라를 회복하심이 이 때니이까 하니 이르시되 때와 시기는 아버지께서 자기의 권한에 두셨으니 너희가 알 바 아니요 오직 성령이 너희에게 임하시면 너희가 권능을 받고 예루살렘과 온 유대와 사마리아와 땅 끝까지 이르러 내 증인이 되리라."(행 1:5~8)

세계 비전을 가지는 것은 사람의 생각이나 힘으로 되는 것이 아닙니다. 오직 성령이 임한 사람만 가능합니다.

예수님은 성령으로 세례를 주시는 분입니다.

"주의 성령이 내게 임하셨으니 이는 가난한 자에게 복음을 전하게 하시려고 내게 기름을 부으시고 나를 보내사 포로 된 자에게 자유를, 눈 먼 자에게 다시 보게 함을 전파하며 눌린 자를 자유롭게 하고 주의 은혜의 해를 전파하게 하려 하심이라."(눅 4:18~19)

풍성히 누리게 하신 성령님

모든 것을 풍성히 누리는 삶

당신은 하나님께 제한 없이 구합니까?

하나님은 "너희가 얻지 못함은 구하지 않았기 때문이다"라고 했습니다. 나는 다른 사람에게 좋은 것이 있으면 시기 질투하지 않고 나의 하나님께 구합니다.

"하나님, 나도 주세요. 나도요. 나도요."

그렇게 하나님께 나도 달라고 해서 받아 누리고 삽니다. 당신도 하나님께 무엇이든지 구해서 받기 바랍니다.

하나님께 무엇을 구해야 할까요? 그리스도 안에 있는 의와 성령 충만, 건강과 부요함, 지혜와 평화와 생명입니다. 이것을 다른 말로 표현하면 기쁨과 행복입니다.

"하나님, 저 사람은 행복해서 웃네요. 나도요."

사람이 온 천하를 다 가져도 행복하지 못하면 소용없습니다. 당신의 행복 지수는 어떤가요? 좀 덜 예뻐도 활짝 웃는 사람은 더 예뻐 보이고 더 젊어 보이고 더 가까이 하고 싶습니다. 그런 사람 옆에 있으면 웃음이 전염됩니다.

당신 안에 빛이신 예수님이 가득히 들어와 계십니다.

빛에는 슬픔과 근심이 없고 웃음과 기쁨만 가득합니다.

하나님이 주신 귀한 선물인 웃음을 그 무엇에도 빼앗기지 마십시오. 마음껏 웃으십시오. 나는 많이 웃고 크게 웃고 활짝 웃고 또 웃고 또 웃고 계속 웃으며 살고 싶습니다.

성령님은 근심의 영이 아닌 웃음의 영이십니다.

우리 모두 웃으며 삽시다.

너희는 세상의 빛이라

지금 당신 안에는 무엇이 가득합니까?

빛입니까? 어두움입니까? 내 안에는 빛이 가득합니다.

예수님은 자신을 세상의 빛이라고 하셨습니다. "내가 세상에 있는 동안에는 세상의 빛이로라."(요 9:5) 또한 우리를 세상의 빛이라고 하셨습니다. "너희는 세상의 빛이라. 산 위에 있는 동네가 숨겨지지 못할 것이요 사람이 등불을 켜서 말 아래에 두지 아니하고 등경 위에 두나니 이러므로 집 안 모든 사람에게 비치느니라."(마 5:14~15)

당신은 교회 안의 빛이 아닌 세상의 빛입니다. 그러므로 세상에서 어둠이 없이 밝은 빛 가운데서 거룩하게 생활해야 하며 얼굴에서도 빛을 뿜어내며 살아야 합니다.

나는 웃음으로 온 세상을 밝히고 싶습니다. 나는 어릴 때 가만히 있어도 돌만 굴러가도 자꾸 웃음이 나왔습니다.

웃을 일이 없는데 왜 그런지 모르겠습니다. 좀 커서는 입을 살짝 벌리고 미소를 지었는데 모나리자 미소 같다며 혹시 거울보고 웃는 연습을 했느냐는 말을 들었습니다.

나는 연습하지 않았다고 했습니다. 그만큼 내 입가에 미소가 늘 붙어 있었던 것 같습니다. 그런데 어느 날부터 웃음을 잃고 말았습니다. 나는 입을 꾹 다물었습니다. 웃을 일도 없었습니다. 웃지도 않았습니다. 반대로 심각하고 무뚝뚝한 표정을 지었는데 내가 왜 그런지 몰랐습니다.

"내 인생이 왜 이럴까? 왜 이럴까? 이게 뭘까? 사는 건 뭘까? 재미도 없고 살맛도 안 난다."

그렇게 고민하며 울고 있을 때 빛이신 예수님이 내 안에 찾아 오셨습니다. 그리고 다시 웃음이 가득해졌습니다.

"그때에 우리의 입은 웃음으로 가득 찼다."(시 126:2)

당신도 웃음이 없다면 이 책을 통해 얻으십시오.

빛이신 예수님을 믿으면 웃음이 가득해집니다.

예수님을 믿고 웃음이 있었는데 잃었다면 회복하십시오. 빛이신 예수님이 당신 안에 살아 계신다는 사실을 믿으면 됩니다. 어두움은 슬픔을, 빛은 기쁨을 줍니다.

당신의 마음에 기쁨이 가득하기 바랍니다.

"주께서 내 마음에 두신 기쁨은 그들의 곡식과 새 포도주가 풍성할 때보다 더하니이다."(시 4:7)

이 선물을 주기 위해 예수님이 슬픔을 담당하셨습니다.

"그는 실로 우리의 질고를 지고 우리의 슬픔을 당하였거늘."(사 53:4) 이 얼마나 놀랍고 큰 은혜입니까?

나는 하나님이 주신 선물인 웃음을 가만히 넣어 두지 않고 자꾸 끄집어내어 사용하려고 합니다. 성령님이 내게 주신 웃음 약이 치료제입니다. 당신도 웃음을 아끼지 말고 마음껏 웃기 바랍니다. 나는 내게 주신 웃음의 기름 부으심을 통해 나도 좋고 다른 사람도 기쁘게 하고 싶습니다.

슬픔이 전염되듯이 웃음도 전염됩니다.

이 웃음은 주님이 주신 것입니다.

고민이 있다고요? 그래서 웃지를 못한다고요?

나도 때때로 고민이 있습니다. 나는 그때마다 "성령님, 어떻게 해요? 어떡해요?"라고 묻습니다. 그렇게 묻고 또 물으면 성령님이 가르쳐 주십니다. 혼자 10년, 100년 동안 고민해야 할 문제를 1분 만에 해결하게 해주십니다.

인상 쓰며 염려한다고 해결되는 것이 아닙니다.

예수님은 조금도 염려하지 말라고 하셨습니다.

"너희 중에 누가 염려함으로 그 키를 한 자라도 더할 수 있겠느냐? 또 너희가 어찌 의복을 위하여 염려하느냐? 들의 백합화가 어떻게 자라는가 생각하여 보라. 수고도 아니하고 길쌈도 아니하느니라. 그러나 내가 너희에게 말하노니 솔로몬의 모든 영광으로도 입은 것이 이 꽃 하나만 같지 못하였느니라. 오늘 있다가 내일 아궁이에 던져지는 들풀도 하나님이 이렇게 입히시거든 하물며 너희일까보냐? 믿음이 작은 자들아, 그러므로 염려하여 이르기를 무엇을 먹을까 무엇을 마실까 무엇을 입을까 하지 말라. 이는 다 이방인들이 구하는 것이라. 너희 하늘 아버지께서 이 모든 것이 너희에게 있어야 할 줄을 아시느니라. 그런즉 너희는 먼저 그의 나라와 그의 의를 구하라. 그리하면 이 모든 것을 너희에게 더하시리라. 그러므로 내일 일을 위하여 염려하지 말라. 내일 일은 내일이 염려할 것이요 한 날의 괴로

움은 그 날로 족하니라."(마 6:27~34)

　사람이 염려하고 고민하는 것은 다 '목숨'을 위해서입니다. 성령님께 목숨을 양도하면 더 이상 염려하지 않게 됩니다. 최고이신 성령님께 이렇게 말씀드리십시오.

　"성령님, 제 목숨을 양도합니다. 기름 부으시고 성령님이 원하시는 대로 사용해 주세요."

빛이신 성령님

당신은 무엇이 가장 두렵습니까?

조금도 두려워하지 말고 강하고 담대하십시오.

당신 안에 태양보다 더 큰 빛이신 성령님이 계십니다.

성령님과 함께 웃음의 인생을 살기 바랍니다.

성령님과 함께 웃음의 인생을 살라

나는 내 인생을 '싱글이 벙글이 인생'이라고 이야기합

니다. "싱글이 벙글이 내 인생, 성령님이 좋아요. 너무 좋아요. 성령님, 감사해요. 감사해요. 정말 감사합니다."

당신도 나처럼 행복하려면 예수님을 믿으면 됩니다.

예수님을 구주로 믿고 인생의 주인으로 모시고 사세요.

문제가 생기면 주인이신 성령님께 물으면 됩니다.

아주 쉽습니다. 재밌습니다. 신납니다. 파란만장한 인생이 흥미진진한 인생으로 바뀝니다. 눈물의 인생이 웃음의 인생으로, 흑암의 인생이 빛의 인생으로 바뀝니다.

지금 예수님을 믿으세요.

지금 꼭 믿으세요.

인생의 사계절 모두 기뻐하라

당신은 사계절을 어떻게 생각하십니까?

나는 사계절을 주신 하나님 아버지께 감사합니다.

인생에도 사계절이 있습니다. 그 모든 계절에 기뻐해야 합니다. 성경은 말씀합니다. "항상 기뻐하라. 쉬지 말고 기도하라. 범사에 감사하라. 이것이 그리스도 예수 안에서 너희를 향하신 하나님의 뜻이니라."(살전 5:16~18)

나는 대한민국에 태어나 산다는 게 너무 좋습니다.

봄, 여름, 가을, 겨울, 사계절이 그냥 지나가는 줄 알았는데 하나님이 다 주셨습니다. 우리나라에 분명하고 확실한 사계절을 주셨고 아주 추운 혹독한 겨울도 주셨습니다.

지금은 겨울 끝자락인데 좀 있으면 따뜻하고 꽃이 피는 봄입니다. 이런 화사한 봄도 주시고 뜨거운 태양이 강렬한 빛을 비추는 여름도 주시고 아름답고 풍성한 낙엽이 지는 가을도 주셨습니다. 계절마다 뚜렷한 특성을 주셨습니다.

그래서 옷도 철을 따라 골고루 입을 수 있고 음식도 환경도 골고루 맛보게 해주셔서 감사합니다. 6개월은 낮, 6개월은 밤으로 사는 나라도 있습니다. 그런데 우리나라는 이렇게 뚜렷한 사계절을 다 주셔서 골고루 누리고 맛보며 살게 해주셔서 감사합니다.

나는 주님께 기도했습니다. "주님, 이 좋은 것을 다 선물로 주셨는데 불평하고 살면 안 되지요. 감사만 하고 살게요. 사계절을 주셔서 감사합니다. 다양한 것을 받아 누리게 해주셔서 감사합니다. 이 모든 것을 하나님이 주셨다고 하나님이 하셨다고 하나님의 이름만 높이겠습니다."

당신도 고민하지 말고 지금 하나님께 돌아오세요.

하나님을 주인으로 모시고 살면 행복해집니다.

하나님이 당신을 기다리고 계십니다.

하나님이 당신을 많이 사랑하십니다.

내일이 아닌 지금 돌아오세요.

지금 예수를 믿으세요. 지금요.

"하나님이 세상을 이처럼 사랑하사 독생자를 주셨으니 이는 그를 믿는 자마다 멸망하지 않고 영생을 얻게 하려 하심이라."(요 3:16)

빛이 내 안에 가득하니까 웃는다

당신은 빛으로 삽니까? 어둠으로 삽니까?

나는 날마다 빛으로 삽니다. 빛을 알고 나니까 내 인생이 이렇게 좋을 수가 없습니다. 빛은 곧 예수님입니다.

나는 빛이신 예수님 때문에 보배롭고 존귀한 사람이 되었습니다. "보배롭고 존귀한 하나님의 딸 박경애."

빛이 들어오면 어둠은 저절로 물러갑니다.

빛이 들어오면 어둠은 꼼짝 못합니다.

어둠은 빛을 두려워합니다.

"태초에 말씀이 계시니라. 이 말씀이 하나님과 함께 계셨으니 이 말씀은 곧 하나님이시니라. 그가 태초에 하나님과 함께 계셨고 만물이 그로 말미암아 지은 바 되었으니 지은 것이 하나도 그가 없이는 된 것이 없느니라. 그 안에

생명이 있었으니 이 생명은 사람들의 빛이라."(요 1:1~4)

나는 빛이신 하나님과 예수님과 성령님을 200퍼센트 알고 싶습니다. 온전한 빛으로 산다는 것, 이런 놀라운 인생이 어디 있나요? 이렇게 좋고 행복할 수가 없습니다.

그런데 이 좋은 것을 혼자 가지고 있으면 안 되니까 나누어 주며 살고 싶습니다. 그래서 이렇게 책을 씁니다.

나는 기도합니다. "사랑하는 성령님, 이 빛으로 하나님께 영광 돌리고 온 세상에 영향을 끼치며 살고 싶습니다. 성령님, 도와주세요. 성령 안에서 우리 가정이 빛의 자녀로 빛의 가정으로 빛을 선포하며 하나님의 이름을 높이는 믿음의 명문가가 되게 해주셔서 감사합니다."

나는 기도하고 구하는 것을 받은 줄로 믿습니다.

"그러므로 내가 너희에게 말하노니 무엇이든지 기도하고 구하는 것은 받은 줄로 믿으라. 그리하면 너희에게 그대로 되리라."(막 11:24)

당신도 나처럼 빛의 자녀로 행복하게 살기 바랍니다.

성경에는 빛에 대한 말씀이 많이 나옵니다.

어떤 것이 있을까요? 몇 가지만 살펴보겠습니다.

첫째, "너희가 전에는 어둠이더니 이제는 주 안에서 빛이라. 빛의 자녀들처럼 행하라."(엡 5:8) 우리가 그리스도

밖에 있을 때는 어둠이었지만 이제는 주 안에서 빛이 되었으므로 빛의 자녀들처럼 모든 선한 일을 행해야 합니다.

둘째, "흑암에 앉은 백성이 큰 빛을 보았고 사망의 땅과 그늘에 앉은 자들에게 빛이 비치었도다."(마 4:16)
우리는 전에 흑암에 앉은 백성이었습니다. 하지만 큰 빛이신 예수님을 보았습니다. 또한 사망의 땅과 그늘에 앉은 자였지만 빛이 비취어 행복한 인생으로 바뀌었습니다.

셋째, "예수께서 또 말씀하여 이르시되 나는 세상의 빛이니 나를 따르는 자는 어둠에 다니지 아니하고 생명의 빛을 얻으리라."(요 8:12) 예수님을 믿으면 생명의 빛을 얻게 됩니다. 이제 당신 안에는 생명의 빛이 가득합니다.

넷째, "일어나라. 빛을 발하라. 이는 네 빛이 이르렀고 여호와의 영광이 네 위에 임하였음이니라."(사 60:1)
구원의 빛이 당신에게 비취었습니다. 주님의 영광이 아침 해처럼 당신 위에 떠올랐습니다. 온 천하에 다니며 만민에게 복음을 전하십시오. 이것이 아버지의 뜻입니다.

다섯째, "나는 빛으로 세상에 왔나니 무릇 나를 믿는 자

로 어둠에 거하지 않게 하려 함이로라."(요 12:46)

예수님은 빛으로 세상에 오셨습니다. 예수님을 믿는 사람은 어둠에 거하지 않습니다. 빛 가운데 거합니다.

여섯째, "빛이 어둠에 비치되 어둠이 깨닫지 못하더라."(요 1:5) 성령님만이 빛을 깨닫게 해주십니다.

일곱째, "우리가 그에게서 듣고 너희에게 전하는 소식은 이것이니 곧 하나님은 빛이시라. 그에게는 어둠이 조금도 없으시다는 것이니라."(요일 1:5)

하나님은 곧 빛이십니다. 그분에게는 어둠이 조금도 없습니다. 마찬가지로 하나님의 자녀도 빛이며 그들에게는 어둠이 조금도 없습니다. 당신에게 조금이라도 어둠이 있으면 그것을 예수 이름으로 꾸짖고 몰아내십시오.

여덟째, "빛 가운데 있다 하면서 그 형제를 미워하는 자는 지금까지 어둠에 있는 자요."(요일 2:9)

당신은 빛 가운데 있다 하면서 형제를 미워하지 않습니까? 미워하지 말고 용서하고 사랑하십시오. "그 사람이 나쁜 짓을 했다. 그는 정말 못된 사람이다. 용서할 수 없다"고 말하지 마십시오. 당신은 그 사람보다 훨씬 더 나쁜 짓을 많이 했고 더 못된 사람이고 용서 받을 수 없는 사람인데 하나님이 다 용서하셨고 당신의 허물과 죄를 예수님의 보혈로 다 씻어 제거하셨습니다. 형제의 눈에 있는 티를 보지 말고 당신의 눈에 있는 들보를 보십시오.

당신의 죄와 그 형제의 죄가 모두 십자가에서 해결되었습니다. 죄가 없는 하나님의 아들 예수님이 대신 십자가에 달려 피 흘려 죽으셨습니다. 그리스도 안에서 당신도 그 형제도 모두 용서받았고 모든 죄가 사라졌습니다.

더 이상 어떤 사람도 정죄하지 마십시오. "그러므로 이제 그리스도 예수 안에 있는 자에게는 결코 정죄함이 없나니 이는 그리스도 예수 안에 있는 생명의 성령의 법이 죄와 사망의 법에서 너를 해방하였음이라."(롬 8:1~2)

창조적인 인생을 살라

나는 창조적인 인생을 산다

당신은 하얀 백지 위에 글을 써 보셨습니까?

나는 아무것도 없는 이 하얀 종이 위에 글을 한 글자 한 글자 쓴다는 것이 보통이 아니고 대단하다고 생각합니다.

백지 위에 한 글자 한 글자 내 손에 쥔 펜을 통해 글이 올라오는 것이 신기합니다. 글을 통해 이야기가 책으로 만들어지고 있습니다. 이것이 창조적인 인생입니다.

나는 생각 속에 있는 것을 끌어 올려서 글로 표현하니

다. 이러한 한 글자 한 글자가 하나님의 창조와 많이 닮았습니다. 하나님도 빛을 생각하셨고 "빛이 있으라"고 말로 표현하셨고 그것을 성경에 글로 기록하셨습니다.

창조적인 글을 쓰는 것은 하나님의 기적입니다. 하나님의 새로운 것입니다. 더구나 이렇게 글로 하나님의 이름을 높일 수 있다는 것은 정말이지 최고의 일입니다. 최고이신 성령님께 내 손을 맡기니 놀라운 기적이 일어났습니다.

성령님의 기름 부으심을 통해 글이 줄줄 나와 이 백지 위에 하나님을 자랑하는 것으로 가득 채웁니다. 성령님께서 무엇을 써야 할지 가르쳐 주시고 쓰게 해주십니다.

"최고이신 성령님, 감사하고 감사합니다."

당신도 나처럼 책 쓰기에 대한 꿈을 갖기 바랍니다.

"책에 써서 후세에 영원히 있게 하라."(사 30:8)

내 인생의 수준을 높이신 성령님

성령님은 내 인생의 수준을 높이시는 분입니다.

하나님은 나에게 결혼 전에 초등학교 교사를 하게 해주셨습니다. 그때 학교에서 아이들에게 '일기'를 쓰라고 했습니다. 나도 같이 쓰고 싶어 일기를 썼습니다. 쓰기도 하고 때로는 쉬기도 했습니다. 쓸 말이 별로 없었습니다.

그런 내가 지금은 책을 쓰고 있습니다. 하나님이 계속 책을 쓰게 해주셨고 벌써 몇 권이 출간되었습니다. 처음에는 그게 하나님의 은혜인지 잘 모르고 썼습니다.

책을 쓴다는 것은 아무나 할 수 없는 일입니다.

많은 사람들이 "나는 한 줄도 못 쓴다"고 말합니다.

하나님이 내게 얼마나 귀한 재능을 선물로 주셨는지 모릅니다. 지금 하얀 종이 위에 성령님이 이끄시는 대로 새로운 것을 한 줄씩 쓰며 하나님을 높이고 있습니다.

당신도 성령님께 당신의 몸과 마음을 양도하세요.

그러면 성령님의 기름 부으심이 당신의 몸과 마음에 강물처럼 흐르게 되고 신기한 일이 벌어집니다.

성령님은 내게 글을 쓸 수 있는 두뇌를 주셨고 건강한 영혼과 몸도 주셨습니다. 시간도 물질도 주셨습니다.

"이렇게 마음껏 글을 쓰게 하신 하나님 아버지, 감사하고 감사합니다. 저는 글을 써서 복음을 전하겠다는 생각을 해보지 않았습니다. 더구나 이렇게 두꺼운 책을 쓴다는 것은 꿈도 꾸지 못했습니다. 그런데 꿈만 같은 일이 일어났습니다. 하나님이 하셨습니다. 하나님이 주셨습니다. 하나님의 은혜 입니다. 하나님의 작품입니다. 하나님의 계획입니다. 하나님의 선물입니다. 억만 번이나 감사합니다."

성령님은 창조의 영이십니다. 또한 그분은 지혜와 총명의 영이요 모략과 재능의 영이십니다. "주 여호와께서 학자들의 혀를 내게 주사 나로 곤고한 자를 말로 어떻게 도와 줄 줄을 알게 하시고 아침마다 깨우치시되 나의 귀를 깨우치사 학자들 같이 알아듣게 하시도다."(사 50:4)

그렇습니다. 미련한 내 인생은 성령님이 아니고는 좋은 것을 하나도 깨달을 수 없습니다. 성령님께서 내게 책 쓸 내용이 떠오르게 하시기 때문에 책을 쓸 수 있습니다. 나는 성령님께서 주시는 생각을 이 백지 위에 채웁니다.

"저에게 책 쓸 내용을 주신 성령님, 고맙습니다."

나는 처음에 글을 쓰면서 '하나님을 높여야지'라는 생각을 하지 않았습니다. 그냥 좋을 때 하나님께 감사하고 싫을 때는 '왜 이래요?'라고 불평하며 내가 너무 힘들고 어렵다고 말씀드렸습니다. 그 후엔 회개하곤 했습니다.

그러는 중에 하나씩 깨달음을 얻고 바뀌었습니다.

나는 가장 좋은 것만 하고 싶다고 성령님께 말씀드렸습니다. "내가 하나님의 자녀인데 아주 좋은 것만 해야죠. 하나님 아버지도 그렇게 생각하지 않으십니까?"

나는 책을 쓰면서도 가끔 징징거린 적이 있습니다.

하나님은 내가 이렇게 징징 짜고 어리광을 피우며 이 공간을 한 줄씩 채우는데 그걸 아시고 생각을 바꿔 주셨습니다. 이제 나는 절대 긍정의 믿음으로 글을 씁니다.

그러면 성령님은 좋은 것으로 가득 채워 주십니다.

내가 책을 쓰는 동안 성령님은 어떻게든 그분이 가장 기뻐하시는 길로 한걸음씩 나를 이끌어 가셨습니다.

나는 믿음으로 순종했고 지금은 많이 달라졌습니다.

"성령님, 이제는 이 공간에 하나님을 크게, 더 크게, 많이, 더 많이, 아주 많이 채워 갈게요. 주님, 도와주세요."

| 아무것도 없는 이 공간 |

아무것도 쓰지 않은 이 공간
아무것도 차지하지 않은 이 공간

나는 담대한 믿음으로
이 공간에 발을 내딛었습니다.
이 공간에 손을 얹었습니다.
이 공간에 글을 씁니다.

성령님과 함께
성령님이 주시는 대로
마음껏 글을 씁니다.

최고이신 성령님,
저에게 기름 부으시고

마음껏 사용해 주세요.

사랑하는 성령님께
200퍼센트 맡깁니다.

당신도 나처럼 성령님께 몸을 양도하십시오.

그러면 하나님을 자랑하는 책을 쓰게 될 것입니다.

"나는 책에 쓸 게 없어요." 그렇지 않습니다. 그동안 하나님은 당신에게 많은 은혜와 응답을 주셨습니다. "너는 범사에 그를 인정하라. 그리하면 네 길을 지도하시리라"(잠 3:6)고 했습니다. 그 모든 길을 추억하여 보십시오.

그러면 끝도 없는 이야기들이 쏟아져 나올 것입니다.

성령님은 당신의 과거와 현재와 미래를 사용하십니다.

"성령님, 억만 번이나 감사합니다. 나를 통해 이 공간을 채우시고 성령님의 이름을 높이게 하시니 감사합니다. 작고 작기만 한 제가 천지 만물을 지으신 하나님, 우주 만물의 주인이신 하나님, 크고도 크신 하나님, 전지전능하신 하나님을 자랑하고 예수님과 성령님을 높이는 글을 쓰게 해주셔서 억만 번이나 감사합니다. 아버지, 억만 번이나 감사합니다. 예수님, 억만 번이나 감사합니다. 성령님, 억만 번이나 감사합니다. 억만 번이나 사랑합니다. 아멘."

혼자만의 자기 계발 시간을 가지라

혼자만의 자기 계발 시간을 가지라

당신은 하루의 첫 시간을 어떻게 시작합니까?

중국 속담에 이런 말이 있습니다. "사람에게 한 마리 물고기를 주면 한 끼 식사를 해결할 수 있지만 물고기 잡는 방법을 가르쳐 주면 일평생 먹고 살 수 있다."

나는 당신에게 한 마리 물고기가 아닌 물고기 잡는 방법을 가르쳐 주고 싶습니다. 그것이 무엇일까요?

혼자만의 자기 계발 시간을 가지라는 것입니다.

성경에 나오는 믿음의 인물들은 무리와 섞여 지내며 시간을 마구 흘려보내지 않았습니다. 그들은 기도의 사람이었고 혼자 앉아 말씀을 연구하는 사람이었습니다.

첫째, 그들은 정교한 일을 연구했습니다. "정교한 일을 연구하여 금과 은과 놋으로 만들게 하며."(출 31:4)

둘째, 그들은 낱낱이 살피며 이치를 연구하고 깨달음을 얻었습니다. "전도자가 이르되 보라 내가 낱낱이 살펴 그 이치를 연구하여 이것을 깨달았노라."(전 7:27)

셋째, 그들은 여호와의 율법을 연구했습니다. "에스라가 여호와의 율법을 연구하여 준행하며 율례와 규례를 이스라엘에게 가르치기로 결심하였었더라."(스 7:10)

넷째, 그들은 백성에게 지식을 가르쳤고 또 깊이 생각하고 연구하여 잠언을 많이 지었습니다. "전도자는 지혜자이어서 여전히 백성에게 지식을 가르쳤고 또 깊이 생각하고 연구하여 잠언을 많이 지었으며."(전 12:9)

다섯째, 그들은 성령님의 능력으로 하나님의 은혜를 연

구하고 살피고 책을 쓰고 말씀을 전했습니다. "이 구원에 대하여는 너희에게 임할 은혜를 예언하던 선지자들이 연구하고 부지런히 살펴서 자기 속에 계신 그리스도의 영이 그 받으실 고난과 후에 받으실 영광을 미리 증언하여 누구를 또는 어떠한 때를 지시하시는지 상고하니라. 이 섬긴 바가 자기를 위한 것이 아니요 너희를 위한 것임이 계시로 알게 되었으니 이것은 하늘로부터 보내신 성령을 힘입어 복음을 전하는 자들로 이제 너희에게 알린 것이요 천사들도 살펴보기를 원하는 것이니라."(벧전 1:10~12)

우리도 그런 삶을 살아야 합니다. 그러려면 혼자만의 자기 계발 시간을 가져야 합니다. 이것은 '성령님과 단둘이 앉아 성경과 복음적인 책을 읽고 공부하는 것'을 말합니다. 이때 많은 깨달음을 얻고 성장하게 됩니다.

이러한 자기 계발 시간을 꼭 실천하십시오. 이를 위해 따로 시간을 만드십시오. 하루 일과 중에 이것을 가장 중대한 일로 여기십시오. 이 시간을 붙잡고 투자하십시오.

동네에 있는 카페에 가든지 아니면 집에서 해도 됩니다. 이때는 잡다한 일을 다 미루고 깨달음을 얻는 일에 집중하십시오. 그 일에 푹 빠져드십시오. "성령님, 함께 하시지요"라고 말씀드리며 성령님과 함께 그 시간을 보내면 됩니다. 뜻을 정하고 자기 계발을 시작하세요. 쉽습니다.

공책을 한 권 사서 한 줄씩 글을 적으십시오. 복음이 담긴 책도 주문해서 읽으십시오. 하루 중에 이 시간을 놓치면 다 잃는 것입니다. 인생을 잃어버립니다. 성령님과 함께 성령님 안에서 시간을 보내십시오. 성령님과 이런 저런 이야기도 하고 꿈과 소원을 말씀드리십시오. 이렇게 하면 성령님이 열어 주시는 새로운 인생길이 펼쳐집니다.

성령님이 주신 한 번도 가보지 않은 길, 한 번도 살아보지 않은 놀랍고 새로운 인생길이 열려집니다.

가슴 벅찬 인생, 설레는 인생이 시작됩니다.

흑암에서 벗어나 빛의 인생을 살게 됩니다.

자기 계발 시간, 날마다 성령님과 함께하니 아주 궁금하고 기대가 됩니다. 기적이 일어나는 시간입니다.

성령 안에서의 자기 계발을 내일로 미루지 말고 지금 시작하세요. 지금요. 지금이 가장 좋습니다.

자존감을 높이신 성령님

당신은 평소에 자신을 어떻게 부릅니까?

나는 예전에 나 자신을 단순히 부모님한테서 태어난 자식으로만 생각했는데 그것이 아니라며 하나님이 새로운 이름을 주셨습니다. '하나님의 존귀한 딸 박경애'입니다.

땅에 떨어진 자존감이 회복되었다

나는 편안하게 살다가 결혼하게 되었습니다.

그런데 이게 뭐랄까 하나님을 믿고 사는데 진정으로 행복한 삶은 아니었습니다. 그러다가 하루는 조용기 목사님을 보았습니다. 왜 똑같은 목사님인데 하나님이 저렇게 크게 쓰시고 남다른 목사님으로 살까 궁금했습니다. 그래서 나는 그분이 쓴 책을 사서 읽었습니다. 그분은 성령님과 인격적인 교제를 나누며 오래 기도하는 분이었습니다.

나는 또 〈플러스 인생〉이란 월간지를 봤습니다.

그 책에는 한 목사님의 가정에 태어난 아기 이야기가 재미있게 실려 있었습니다. 아기 이름은 박샤론인데 교인들이 다들 그 아기를 보고 '존귀한 박샤론'이라고 불렀습니다. 그 아기가 나중에 커서 미스코리아가 되어 하나님께 영광 돌리며 행복하게 살게 되었다는 것입니다.

나는 생각했습니다. '왜 다들 이 아기를 보고 존귀하다고 하지? 그렇다면 이 아기만 아니라 그리스도 안에서 나도 아주 존귀하다'고 그때부터 내 이름을 바꿨습니다.

어떻게 바꿨을까요?

"보배롭고 존귀한 하나님의 딸 박경애 권사."

내가 나 자신을 그렇게 불렀던 것입니다. 나를 소개할 때나 내 이름을 쓸 때도 책에도 보배롭고 존귀하다고 나 자신이 나를 아주 귀하게 여기며 사랑하고 존중했습니다.

그러자 하나님이 나를 자꾸 높여 주셨습니다.

나는 목장 예배를 드리면서 "나는 아주 존귀한 하나님의 자녀입니다"라고 소개했습니다. 그리고 말했습니다.

"여러분도 모두 보배롭고 존귀한 하나님의 자녀입니다. 몸이 아파도 물질이 없어도 힘든 일이 있어도 기죽지 말고 당당하고 멋지게 인생을 사세요. 그리고 늘 겸손하세요."

그 후에 연말이 되어 목장 편성을 하는데 아무도 다른 목장에 가지 않고 우리 목장에서 예배하겠다고 했습니다.

이 모든 것이 하나님의 은혜입니다.

당신은 하나님의 자녀의 권세를 가졌습니다.

"영접하는 자 곧 그 이름을 믿는 자들에게는 하나님의 자녀가 되는 권세를 주셨으니."(요1:12)

그리스도 안에서 보배롭고 존귀한 사람입니다. "그런즉 누구든지 그리스도 안에 있으면 새로운 피조물이라. 이전 것은 지나갔으니 보라 새 것이 되었도다."(고후 5:17)

새로운 피조물이 된 그리스도인은 육신의 생각을 하지 말고 오직 영의 생각만 해야 합니다. "육신의 생각은 사망이요 영의 생각은 생명과 평안이니라."(롬 8:6)

인생은 아주 쉽고 단순하고 재밌습니다. 내 생각이 아닌 하나님의 생각 곧 영의 생각으로 하나씩 바꾸면 됩니다. 나는 누구를 만나든지 그의 자존감을 높여 줍니다.

"당신은 대단한 사람입니다."

"당신은 특별한 사람입니다."

"당신은 소중한 사람입니다."

또 이렇게 말합니다.

"당신은 보배롭고 존귀한 사람입니다."

나는 이 책을 통해 당신에게도 말하고 싶습니다.

"당신은 하나님이 만드셨고 하나님의 자녀고 당신 안에 성령님이 계십니다. 절대 기죽지 말고 당당하게 사세요."

"당신은 세상에서 하나뿐인 아주 귀하고 소중하고 멋진 존재입니다. 당신은 하나님이 계획하셨고 만드셨습니다."

우리의 인생을 이렇게 바꾼 것은 성령님이십니다.

"성령님, 억만 번이나 감사합니다. 성령님, 억만 번이나 사랑합니다. 성령님, 억만 번이나 행복합니다."

나는 이 복음성가를 좋아합니다. 수첩에 넣어 두었다가 다른 사람에게 주기도 합니다.

"당신은 소중한 사람, 당신은 소중한 사람, 이 세상에 하나 뿐인 당신은 내겐 너무나 소중한 사람, 그런 당신을 사랑해요. 그런 당신을 축복해요. 사랑받기에 합당한 당신을 주의 이름으로 사랑합니다."

당신도 자신을 소중하게 여기기 바랍니다.

다윗은 자신이 누군지 알고 감사했습니다. 시편 23편을 보면 그 내용이 자세히 나옵니다. 무엇일까요?

"여호와는 나의 목자시니 내게 부족함이 없으리로다. 그가 나를 푸른 풀밭에 누이시며 쉴 만한 물 가로 인도하시는도다. 내 영혼을 소생시키시고 자기 이름을 위하여 의의 길로 인도하시는도다. 내가 사망의 음침한 골짜기로 다닐지라도 해를 두려워하지 않을 것은 주께서 나와 함께 하심이라. 주의 지팡이와 막대기가 나를 안위하시나이다. 주께서 내 원수의 목전에서 내게 상을 차려 주시고 기름을 내 머리에 부으셨으니 내 잔이 넘치나이다. 내 평생에 선하심과 인자하심이 반드시 나를 따르리니 내가 여호와의 집에 영원히 살리로다."(시 23:1~6)

이 시는 다윗과 하나님과의 일대일 관계를 말합니다.

첫째, "여호와는 나의 목자시니 내게 부족함이 없으리로다."(시 23:1) 다윗은 자신에게 부족함이 조금도 없다고 했습니다. 왜 그럴까요? 여호와가 나의 목자이기 때문입니다. 그분은 당신의 목자이기도 합니다. 그렇지 않습니까? 그렇다면 당신도 부족함이 없다고 고백해야 합니다.

사람들은 겸손에 대한 표현으로 "나는 부족하다, 부족함이 많다"고 입버릇처럼 말합니다. 그렇게 사람들 앞에서 매일 부족하다고 말하면 진짜로 부족한 인생이 됩니다. 그 사람과 당신 사이에는 하나님이 임재해 계십니다. 그러므로 하나님 앞에서 "나는 부족함이 없다"고 말해야 합니다.

사람에게 동정심을 얻기 위해 "부족해요"라고 말하지 마십시오. 그러면 그들이 천 원, 만 원은 도와줄지 모르지만 하나님께는 큰 복을 못 받습니다. 큰 복은 여호와께로부터 말미암는다는 사실을 기억하고 사람들에게 쩔쩔매며 그들의 동정을 구하지 않도록 주의해야 합니다. 당신은 고아나 거지가 아닌 부요하신 하나님의 존귀한 자녀입니다.

"여호와는 나의 목자시므로 내게는 부족함이 없다"고 입버릇처럼 중얼거리며 고백할 때 그 믿음대로 됩니다.

둘째, "그가 나를 푸른 풀밭에 누이시며 쉴 만한 물 가로 인도하시는도다."(시 23:2) 하나님은 당신을 이리저리 굴리며 고생시키는 분이 아닙니다. 하나님의 뜻은 당신이 고생하며 근심하는 것이 아닙니다. 그분은 당신으로 하여금 편히 쉬게 하시는 분입니다. 물론 하나님의 자녀에게도 여러 가지 시련과 환난이 있습니다. 하지만 하나님은 그 모든 것을 초월하는 큰 평강과 새 힘을 공급해 주십니다.

양은 푸른 풀밭에서 먹고 쉴 만한 물가에서 쉽니다. 하나님은 당신에게 그분의 풍성한 말씀과 생수의 강을 주셨습니다. 그러므로 당신은 주리지 않고 목마르지 않습니다.

셋째, "내 영혼을 소생시키시고 자기 이름을 위하여 의의 길로 인도하시는도다."(시 23:3) 피곤하고 지쳤다고요? 모든 것을 멈추고 싶다고요? 다시 하나님을 바라보십시오. 하나님은 그분을 앙망하는 자에게 독수리의 날개 치며 올라감 같은 새 힘을 주십니다. 그분은 당신의 영혼에 날마다 새 힘을 주시며, 자신의 이름 곧 명예를 걸고 당신을 의의 길 곧 바른 길로 인도하십니다. 당신의 힘과 지혜로 살려고 하지 말고 목자이신 하나님을 의지하십시오.

넷째, "내가 사망의 음침한 골짜기로 다닐지라도 해를 두려워하지 않을 것은 주께서 나와 함께 하심이라. 주의 지팡이와 막대기가 나를 안위하시나이다."(시 23:4) 인생에는 때로 죽음의 그늘 골짜기로 다닐 때가 있습니다. 그래도 괜찮습니다. 주님께서 1초도 떠나지 않고 함께 계시기 때문입니다. 주님께서 그분의 막대기와 지팡이로 보살펴 주십니다. 그러므로 조금도 두려워하지 마십시오.

다섯째, "주께서 내 원수의 목전에서 내게 상을 차려 주시고 기름을 내 머리에 부으셨으니 내 잔이 넘치나이다."(시 23:5) 원수를 조금도 두려워하지 마십시오. 원수가 지금 당신을 잠깐 힘들게 하고 있지만 주님께서는 당신의 원수들이 보는 눈앞에서 잔칫상을 차려 주실 것입니다. 주님께서 당신의 머리에 성령의 기름을 부으셨고 당신을 존귀한 사람으로 삼으셨습니다. 당신의 잔이 매일 넘칩니다.

그러므로 당신은 이렇게 고백해야 합니다.

"주께서 내 머리에 기름을 부으셨다. 내 잔이 넘친다."

여섯째, "내 평생에 선하심과 인자하심이 반드시 나를 따르리니 내가 여호와의 집에 영원히 살리로다."(시 23:6)

진실로 주님의 선하심과 인자하심이 당신이 사는 날 동안 당신을 따를 것입니다. 당신은 이미 영원한 생명을 얻었고 주님의 집에서 영원히 살 것입니다. 그러므로 사람의 작은 선하심과 인자하심을 바라지 말고 주님만 바라보십시오. 그분의 선하심과 인자하심은 크고 무한합니다.

일곱째, 다윗의 이 고백은 한 마디로 "행복하다"입니다.

당신도 다윗과 같은 고백을 하며 살기 바랍니다. 여호와가 당신의 목자이신데 무엇이 부족하고 두렵습니까?

당신은 부족한 존재가 아닌 넘치는 존재입니다.

당신은 행복한 사람입니다.

책을 써내게 하신 성령님

당신은 책을 써 보았습니까?

나는 그동안 몇 권의 책을 출간했습니다. 이것은 내 힘으로 한 것이 아닌 성령님의 기름 부으심을 따라 한 것입니다. 나는 원래 어리석고 미련한 사람입니다. 그런 내게 최고이신 성령님께서 놀라운 지혜를 부어 주셨습니다.

당신도 성령님과 함께 책을 써라

내 인생의 주인 되시는 성령님이 그동안 내 인생을 계획하시고 주관하시고 걸음걸음마다 이끌어 오셨습니다.

그리고 내 인생에 이렇게 책을 써낼 수 있는 놀라운 복을 주셨습니다. 주의 성령이 내게 임하셨고 그로 인해 하나님 이야기를 담은 책을 써낼 수 있게 해주셨습니다.

나는 질그릇인데 내 안에 최고의 보배이신 성령님이 들어오시므로 귀한 그릇이 되었습니다. 그분으로 인해 행복해진 내 삶과 깨달음을 책으로 쓰게 해주셨습니다. 이 놀라운 사실에 성령님께 억만 번이나 감사드립니다. 때로 내가 너무 힘들 때도 성령님은 책을 쓰라고 하셨습니다.

그 음성에 순종하여 책을 쓰면 성령님께서 내 마음에 다시 큰 평안을 주셨습니다. 나는 늘 성령님과 함께 하기 때문에 모든 어려움을 이기고 살 수 있습니다. 이렇게 책을 쓸 수 있게 해주신 게 너무 감사합니다. 100권 이상 책을 쓰고 싶고 100명 이상 책을 쓰게 하고 싶습니다.

성령님께 물어보면 다 가르쳐 주십니다.

내게 있어 '책 쓰기'는 무엇일까요? 지면을 통해 오직 성령님을 자랑하고 높이는 최고의 행복한 일입니다.

나는 24시간 성령님과 친밀하게 교제하며 삽니다. 그래서 성령 충만한 최고의 삶을 삽니다. 당신도 나처럼 복음 작가가 되기 바랍니다. 그래서 책 쓰기로 하나님께 영광 돌리고 많은 사람에게 영향을 끼칠 수 있기를 바랍니다.

나는 사람들을 만나면 꿈을 물어봅니다. 그러면서 예수님 이야기도 하고 책 이야기도 합니다. 하나님이 또 어떤 사람을 붙여 주시고 어떤 책을 쓰게 해주실까 궁금하고 기대가 됩니다. 책을 쓰면서부터 내 인생이 재미있고 즐거워졌습니다. 오늘도 성령님께 이렇게 말씀드립니다.

"성령님, 책 쓰는 것이 너무 좋아요. 감사해요."

당신도 책 쓰기 선교사가 되세요. 내일은 늦습니다. 지금 책을 쓰세요. 지금이 가장 좋습니다. 지금 책을 쓰세요.

"이제 가서 백성 앞에서 서판에 기록하며 책에 써서 후세에 영원히 있게 하라."(사 30:8)

성령 안에서 믿음의 말을 선포하라

당신은 믿음의 말을 하고 있습니까?

하나님은 내게 입을 주셨고 말할 수 있는 복을 주셨습니다. 말을 할 수 있다는 게 얼마나 감사한지요.

하나님은 내 입안에 많은 것을 넣어 주셨습니다.

무엇일까요? 입으로 기도하고 말씀도 읽고 찬양도 부릅니다. 재밌는 이야기도 하고 웃기도 하고 울기도 합니다.

입으로 좋은 말도 많이 하고 때로는 안 좋은 말도 하죠.

하나님이 그분의 자녀인 내게 입을 열어 말할 수 있게 하셨다는 게 얼마나 놀랍고 큰 축복인지요.

"성령님, 감사해요. 억만 번이나 감사합니다."

특히 성령님께서 가르쳐 주신 믿음의 말을 선포하고 외칠 수 있다는 것이 얼마나 놀라운 하나님의 은혜인지 모릅니다. 믿음의 말은 하나님의 계획이고 하나님의 선물이고 하나님의 축복이고 하나님의 창조적인 힘입니다.

이 책도 나는 믿음으로 쓰고 있습니다. 아무것도 없는 이 지면에 믿음의 생각과 말을 하나씩 끄집어내어 기록합니다. 펜으로 종이에 믿음의 말을 한마디씩 선포한다는 것은 무에서 유를 만드신 하나님의 창조적인 힘입니다.

나는 믿음으로 살기 때문에 매일이 설렙니다.

'오늘은 어디서 어떻게 믿음의 말을 선포할 수 있을까요?'라는 생각으로 성령님의 인도하심을 기대합니다.

그리고 성령님께 물어봅니다.

"성령님, 어떻게 해요? 어디서 누구한테 믿음의 말을 선포할까요? 성령님, 믿음의 말을 알고 배웠으니 100번 이상 많이 선포하고 성령님을 높이겠습니다. 제 인생을 오직 믿음의 말만 하는 아름다운 인생으로 만들겠습니다."

지금 이렇게 책을 쓰는 것은 내 인생에 큰 기적입니다.

"성령님, 먼지 같은 제가 예수님 때문에 존귀한 사람으로 바뀌었습니다. 이렇게 글을 써서 복음을 전하며 하나님을 높이게 해주셔서 감사합니다. 성령님, 어떤 말로 책을 써야 될지 가르쳐 주세요. 가르쳐 주세요."

사람들은 말을 많이 하는데 나는 그러지 못했습니다.

나는 아무에게나 말을 함부로 할 수도 없고 또 무슨 말을 해야 될지 몰라 입안에 넣어 둘 때가 많았습니다.

그런데 성령님이 가르쳐 주셔서 내 인생을 믿음의 말만 선포하며 독수리처럼 마음껏 창공을 날고 있습니다.

성령의 바람을 타고 높이 더 높이 올라가고 싶습니다.

"최고이신 성령님, 저는 성령님이 좋아요. 고마워요. 감사해요. 많이 사랑합니다. 제가 믿음의 말을 하면 때로는 사람들이 싫어하고 욕도 하고 막기도 해요. 그래도 저는 오직 믿음의 말만 선포하겠습니다. 나 자신에게, 가정과 목장에서, 교회와 모든 모임에서, 온 세상에서 오직 믿음의 말로 하나님과 예수님과 성령님을 마음껏 높이겠습니다. 평생 사람의 영광을 구하지 않고 오직 하나님께만 영광 돌리며 온 세상에 영향력을 끼치고 살겠습니다."

성공하려면 끝에서부터 시작하라

모든 일은 꿈과 소원에서부터 시작됩니다.

나는 내가 봐도 좀 미지근하고 느리고 평범하고 답답한 아이였습니다. 그런데 하나님이 600명 이상 전도하는 꿈을 주셨습니다. 그동안 전도한다고 막 뛰어다니다 여기까지 왔습니다. 그러면서 하나님이 나로 하여금 책을 읽게 해주시고 또 책을 쓰게 해주셨습니다. 책을 쓸 수 있다는 것은 참으로 귀한 일입니다. 당신도 독자의 위치에서 저자의 위치로 옮기게 해 달라고 기도하기 바랍니다. 사람은 책을 계속 읽기만 하는 것이 아니라 책을 써야 합니다.

"인생은 끝에서부터 시작해야 성공한다."

마지막에 죽기 전에 책을 쓰는 것이 아니라 지금 책부터 먼저 쓰세요. 책을 쓰는 것이 모든 것의 시작입니다.

책을 써서 복음을 전해야 합니다.

"너희는 온 천하에 다니며 만민에게 복음을 전파하라"(막 16:15)고 했는데 예수님을 만나고 변화된 내 이야기를 담은 책을 쓰면 그 책이 내 대신 온 천하에 다니며 만민에게 복음을 전파합니다. 그래서 제자들도 책을 썼습니다.

직접 사람을 만나 말로 복음을 전하는 것도 귀하지만 또 이렇게 책을 써서 복음을 전하는 일도 귀중합니다.

나는 책을 써서 복음을 전하는 것은 생각지도 않았는데 하나님이 놀랍게 인도하셔서 이 일을 하게 해주셨습니다.

하나님이 이 귀한 은혜를 내게 허락해 주셨으니 다른 사람에게도 책으로 복음을 전하라고 권하고 싶습니다.

나는 예수님을 믿으면서도 어떻게 살아야 할지 잘 몰랐습니다. 그런데 하나님이 김열방 목사님을 만나게 해주시고 전혀 새로운 것, 한 번도 들어보지 못한 놀라운 것을 많이 배우게 하셨습니다. 그것은 '성령님과 교제하는 삶'입니다. 나도 다른 사람에게 이 좋은 성령님을 소개해 주고 싶습니다. 성령님은 내 인생을 바꾸신 '최고'이십니다.

나는 매일 최고이신 성령님께 모든 것을 양도합니다.

최고이신 성령님께 양도하면 최고를 만들어 주십니다.

어떻게 하면 될지 모를 때는 이렇게 말씀드립니다.

"성령님, 어떻게 하면 될까요? 가르쳐 주세요."

나는 거침없이 성령님께 물어봅니다. 그리고 성령님께 배운 것을 주위 사람들에게 이야기하며 나눕니다. 이 놀라운 깨달음들을 온 천하에 다니며 만민에게 나누고 싶습니다. 그래서 이렇게 책을 씁니다. 당신도 성령님께 도움을 구하세요. 쉽습니다. 이렇게 말씀드리면 됩니다.

"성령님, 도와주세요."

세상은 넓고 할 일은 많습니다. 그 중에 제일 먼저 할 일은 책을 쓰는 것입니다. 당신도 책을 쓰세요. 책을 쓰는 것이 제일 급한 것이고 최고의 일입니다. 책을 쓰세요.

책 쓸 힘이 있을 때 쓰세요. 시간이 있을 때, 밝은 눈이 있을 때, 물질이 있을 때 미루지 말고 책을 쓰세요.

지금 책을 쓰세요. 책을 쓰면 그 책이 당신 대신 온 천하에 다니며 만민에게 복음을 전하게 됩니다.

"책에 써서 후세에 영원히 있게 하라."(사 30:8)

복음은 하나님의 능력이다

당신은 복음을 들어 보셨습니까?

복음은 원자폭탄 같고 다이너마이트 같습니다.

바울은 자신이 '복음에 빚진 자'라고 했고 모든 사람에게 복음 전하므로 그 빚을 갚기 원한다고 했습니다. "헬라인이나 야만인이나 지혜 있는 자나 어리석은 자에게 다 내가 빚진 자라. 그러므로 나는 할 수 있는 대로 로마에 있는 너희에게도 복음 전하기를 원하노라."(롬 1:14~15)

그렇습니다. 우리는 하나님께 받은 은혜를 그분께 다시 갚을 수는 없습니다. 억만금보다 큰 은혜이기 때문입니다.

온 세상에 있는 은금과 황소와 염소와 송아지를 다 가져와도 안 됩니다. 빌게이츠와 스티브 잡스, 일론 머스크의 돈을 갑절로 가져와도 안 됩니다. 이 빚은 하나님께 되갚는 것이 아닙니다. 전도로 이방인에게 갚는 것입니다.

이런 귀한 노래가 있습니다.

"먹물로 칠한 내 육신을 주님이 희게 하셨네. 십자가 보혈 증거하라고 주님이 살리셨네. 기도할 때에 음성 주시고 찬송할 때에 기쁨 주시네. 내 작은 입이 내 작은 몸이 주님의 붙들린 자라. 평생 갚아도 빚진 자 되어 주님의 빚진 자 되어 주님 가신 길 택하였건만 눈물만 솟구치네. 생명 주신 이 주님이시라. 능력 주신 이 주님이시라. 말씀 전하여 복음 전하여 주님의 빚을 갚으리."

복음이 죄악에 썩고 죽음의 덫에 걸려 있는 우리를 구원했습니다. 복음이 아닌 다른 그 무엇이 우리를 구원한 것이 아닙니다. 그런데 이 복음을 부끄러워하는 사람이 많습니다. 당신은 복음을 부끄러워하지 않습니까? 복음은 모든 믿는 자에게 구원을 주시는 하나님의 능력입니다.

"내가 복음을 부끄러워하지 아니하노니 이 복음은 모든 믿는 자에게 구원을 주시는 하나님의 능력이 됨이라. 먼저는 유대인에게요 그리고 헬라인에게로다."(롬 1:16)

사람들을 만나면 복음만 빼고 복 받은 이야기만 하는 사람이 있습니다. 다른 복은 다 자랑스러운데 복음만 부끄러운 것입니다. 그러라고 하나님이 그 사람에게 복을 주신 것이 아닙니다. 바울은 "만물을 자랑하지 마라"고 했습니다. 그런 자랑은 하나님이 기뻐하지 않으십니다.

복음은 무엇입니까? 하나님의 의가 나타난 것입니다.

"복음에는 하나님의 의가 나타나서 믿음으로 믿음에 이르게 하나니 기록된 바 오직 의인은 믿음으로 말미암아 살리라 함과 같으니라."(롬 1:17)

하나님의 의는 곧 예수 그리스도를 말합니다.

사람이 율법의 행위로는 의롭다 함을 얻을 육체가 한 명도 없기 때문에 하나님의 의가 나타난 것입니다. 예수님이 우리의 모든 죄와 저주를 짊어지고 십자가에서 피 흘려 죽으시고 부활하셨습니다. "사람이 의롭게 되는 것은 율법의 행위로 말미암음이 아니요 오직 예수 그리스도를 믿음으로 말미암는 줄 알므로 우리도 그리스도 예수를 믿나니 이는 우리가 율법의 행위로써가 아니고 그리스도를 믿음으로써 의롭다 함을 얻으려 함이라. 율법의 행위로써는 의롭다 함을 얻을 육체가 없느니라"(갈 2:16)고 했습니다.

이것이 복음입니다. 나는 생각했습니다.

'복음? 음, 좋은 거지. 기쁜 소식이지. 좋은 거야.'

이렇게만 생각했는데 그 복음이 원자폭탄, 다이너마이트보다 더 강력한 하나님의 능력이라니 할 말을 잃었습니다. 복음이 있다면 두려울 게 뭐가 있습니까? 걱정할게 아무엇도 없습니다. "성령님, 감사합니다. 억만 번이나 감사합니다. 이 복음을 알게 해주셔서 감사합니다."

복음은 내 인생을 모든 죄와 저주에서 구원한 하나님의 능력입니다. 내가 예수님을 믿음으로 죄와 목마름, 병과 가난, 어리석음과 징계와 죽음의 비참한 인생에서 구원받았습니다. 나는 그리스도 안에서 새로운 피조물이 되었습니다. 의롭고 성령 충만하고 건강하고 부유하고 지혜롭고 평화롭고 생명을 얻었습니다. 이 얼마나 감사합니까?

어둠의 인생에서 빛의 인생으로 완전히 바뀌었습니다. 성령님이 하셨습니다. "최고이신 성령님, 감사합니다."

복음은 이론과 사상, 철학과 학문이 아닌 '내 안에 살아 계신 예수 그리스도'입니다. 마가복음 1장 1절에 "하나님의 아들 예수 그리스도의 복음의 시작이라"고 했습니다.

이것을 '그리스도 복음'(갈 1:7)이라고 말합니다.

바울은 이것을 충격적인 말로 표현했습니다.

"예수 그리스도께서 너희 안에 계신 줄을 너희가 스스로 알지 못하느냐?"(고후 13:5)

이 복음이 내 안에 있습니다. 예수 그리스도의 영이신 성령님이 내 안에 살아 계십니다. 이 놀라운 복음을 품고 어떻게 조용히 살겠습니까? 과연 어떻게 해야 됩니까?

나는 성령님께 묻고 또 물었습니다.

"성령님, 제가 어떻게 살아야 됩니까? 무얼 해야 됩니까? 성령님 가르쳐 주세요? 복음으로 변화된 내 인생, 정말 행복하고 가슴 설렙니다. 하루하루 복음으로 살겠습니다. 성령의 권능으로 가득 채워진 내 인생, 이 원자폭탄을 지옥에 폭파시키며 살겠습니다. 성령님, 어떻게 살까요? 만나는 모든 이에게 이 복음을 선물로 줘야겠습니다."

성령님은 정말 최고이십니다. 나는 기도합니다.

"성령님, 복음과 함께 달리겠습니다. 귀하신 성령님, 억만 번이나 감사합니다. 성령님은 최고이십니다."

성령님은 내게 꿈과 소원을 주셨습니다. 무엇일까요?

단순히 이 땅에서 목숨을 위하여 무엇을 먹을까 무엇을 마실까 무엇을 입을까를 추구하는 삶이 아닌 먼저 그의 나라와 그의 의를 구하는 삶입니다. 그분이 말씀하셨습니다.

"너희는 온 천하에 다니며 만민에게 복음을 전파하라." (막 16:15) 나는 이 일을 위해 책을 씁니다. 내가 쓴 책은 나의 분신이 되어 내 대신 전국과 세계를 다니며 복음을 전합니다. 당신도 책으로 전도하고 선교하기 바랍니다.

책 전도와 책 선교는 하나님의 방법입니다.

무익한 말은 하지 마라

당신은 평소에 어떤 말을 하고 삽니까?

나는 '인생은 말한 대로 이뤄지기 때문에 말을 잘해야 되는구나. 함부로 말하면 안 되지'라는 생각을 했습니다.

나는 많은 경우 무슨 말을 해야 될지 잘 모릅니다. 그래서 말을 함부로 하지 않고 꼭 필요한 말만 하려고 애씁니다. 하나님은 우리가 말하는 것을 다 듣고 계시며 말한 대로 이뤄 주신다고 했습니다. 말이 이렇게 중요합니다.

평소에 나는 무슨 말을 해야 될지 몰라 입안에 머물러 있을 때가 많았습니다. 말에 조급하지 말고 항상 조심해야 합니다. 인생은 말대로 되기 때문입니다.

성경은 사람이 입술의 열매를 먹고 산다고 했습니다.

"사람은 입의 열매로 인하여 복록을 누린다."(잠 13:2)

그렇습니다. 우리가 어떤 말을 하든지 말이 시키는 대로, 말이 이끄는 대로 살아갑니다. 그러므로 부정적인 말, 의심의 말, 더러운 말, 무익한 말은 하지 말아야 합니다.

성경은 말씀합니다. "네 입의 말로 네가 얽혔으며 네 입의 말로 인하여 잡히게 되었느니라."(잠 6:2)

하나님의 자녀는 오직 생명의 말, 축복의 말, 위로의 말, 기적의 말, 믿음의 말, 복음의 말만 해야 합니다.

너희 말이 내 귀에 들린 대로 내가 너희에게 행하리라

나는 아침에 베란다에 나가서 화초를 바라보고 "잘 잤니? 아주 예쁘구나"라고 말하면서 주님께 기도합니다.

"하나님 아버지, 이 꽃을 잘 키워 주세요."

화분 하나하나마다 축복합니다. 하나님이 주신 꽃하고 이야기를 합니다. 시간이 있을 때는 하고 없을 때는 못합니다. 특별히 잘 가꾸지는 못했지만 활짝 피어나는 꽃들을 바라보며 활짝 웃으며 하나님께 감사드립니다. "놀라우신 하나님, 저는 하나님이 너무 좋아요. 정말 좋아요. 꽃들이 나를 이렇게 기쁘게 해 줘서 행복해요. 감사해요. 주님."

이렇게 집 안과 밖을 왔다 갔다 하면서 한 바퀴 돌며 축복합니다. 당신도 집안에 있는 모든 것을 저주하지 말고 축복하기 바랍니다. 하나님이 그 말을 다 듣고 계십니다.

하나님은 감사하고 축복할 때 더 많이 주십니다.

남편을 축복하고 자녀를 축복하십시오. 그리고 생각날 때마다 이렇게 중얼거리며 최고이신 성령님께 양도하십시오. 그러면 그분이 최고의 작품으로 만드십니다.

"성령님, 남편과 자녀를 양도합니다. 기름 부으시고 성령님이 원하시는 대로 사용해 주세요."

백배 축복을 입버릇처럼 말하라

어느 날 아침에 나는 이렇게 기도했습니다.

"하나님 아버지, 저 재스민 꽃이 100송이를 피우게 해 주세요." 그리고는 다음날부터 매일 나가서 살폈습니다.

오늘 한 송이 피고 또 한 송이 피고 모레는 두 송이, 그 다음 세 송이, 네 송이, 이렇게 매일 피워 주셨습니다.

나는 세어 보았습니다. "하나님" 하면서 열 송이, 스무 송이, 너무 신나고 재미있었습니다. 주님은 오늘도 내일도 매일 꽃을 피워 주셨습니다. 가느다란 재스민 한 포기에서 화려한 보라색 꽃을 100송이나 피워 주셨습니다.

"하나님, 좋아요. 좋아요. 감사해요. 감사해요."

재스민의 꽃향기가 베란다 안에 가득합니다. 남편이 나오며 어디서 이렇게 좋은 냄새가 나느냐고 물었습니다.

"저 꽃 좀 보세요."

하나님은 꽃도 많이 피워 주시고 향기가 베란다 안을 가득 채우게 해주셨습니다. 내 입에도 남편 입에도 웃음이 가득했습니다. 내가 100송이 꽃을 피워 달라고 기도했더니 하나님이 피워 주셨다고 남편에게 말했습니다.

말, 말, 말하면 말대로 하나님이 다 들어주십니다.

그래서 나는 다른 것에 대해서도 '100'이라는 숫자를 말하기로 했습니다. 나는 기도했습니다.

"주님, 책도 100권 이상 쓰고 싶어요. 뭐든지 주님이 주시는 좋은 것이라면 100번 이상 하고 싶어요. 성령님과 함께라면 100번 이상 하면 안 될게 뭐가 있겠습니까? 성령님, 그렇죠? 좋아요. 좋아요. 감사해요. 감사해요."

나는 이러면서 내 친구이신 성령님과 같이 놉니다.

성령님과 같이 걷고 뛰고 춤추며 행복하게 삽니다.

당신도 예수님을 믿으세요. 성령으로 거듭나서 하나님의 자녀가 되고 친구이신 성령님과 함께 사세요. 성령님과 함께 놀면 아주 신나고 재밌습니다. 성령님이 최고예요.

어떤 일이든지 성령님께 도움을 구하세요. 그리고 그 일이 끝나면 "성령님이 하셨어요"라고 고백하면 됩니다.

성령님은 빛이시니까 당신이 캄캄한 어둠에서 벗어나 빛으로 살게 해주십니다. 모든 것을 절망에서 희망으로 바꾸어 주십니다. 눈물에서 웃음으로 바꾸어 주십니다.

| 빛이신 성령님 |

비치신 성령님과 함께

빛의 인생으로
성령의 인생으로
기적의 인생으로
믿음의 인생으로
복음의 인생으로 사세요.

주저앉아 울지 말고
성령님과 함께 일어나세요.
성령님과 함께 뛰면 됩니다.

최고이신 성령님과 함께 하면
당신의 인생도 최고가 됩니다.

내 인생을 바꾼
최고이신 성령님,
사랑합니다.

어떻게 하면 되느냐고요? 쉽습니다. 지금 예수님을 인
생의 주인으로 모시면 됩니다. 지금 예수님을 믿으세요.

원망하지 말고 감사하라

당신은 원망의 말을 많이 하지 않습니까?
무엇을 하든지 원망하지 말고 감사하기 바랍니다.
하나님 앞에서 원망하면 망하고 감사하면 흥합니다.
하나님은 원망하는 것을 가장 싫어하십니다. 원망(怨望)
은 '못마땅하게 여겨 탓하거나 불평을 품고 미워하는 것'
입니다. 사람들은 자기 마음에 안 들면 이렇게 말합니다.
"억울하다. 분하다. 못마땅하다."
이것은 귀신들이 사람의 몸에서 쫓겨 나갈 때 하는 말
입니다. 마귀는 하늘에서 원망하다가 쫓겨났습니다. 그리고 이 땅에서 사람들을 미혹하고 속여 그들이 하나님을 원망하게 합니다. 원망하면 그 자리에서 쫓겨납니다.

하나님의 자녀는 원망의 말을 절대로 하지 말아야 합니다. 원망을 그치고 오직 감사하는 말을 해야 합니다.

고린도전서 10장 10절에 말씀합니다.

"그들 가운데 어떤 사람들이 원망하다가 멸망시키는 자에게 멸망하였나니 너희는 그들과 같이 원망하지 말라."

하나님 앞에서만 아니라 형제들끼리도 서로 원망하지 말아야 합니다. 그래야 심판을 면합니다. "형제들아, 서로 원망하지 말라. 그리하여야 심판을 면하리라. 보라, 심판주가 문 밖에 서계시니라."(약 5:9)

욥은 모든 것을 잃었지만 원망하지 않았습니다.

"이 모든 일에 욥이 범죄하지 아니하고 하나님을 향하여 원망하지 아니하니라."(욥 1:22)

다른 어떤 말보다 원망하는 말은 하나님의 귀에 더 크게 들리며 그분이 매우 싫어하십니다. "너희 말이 내 귀에 들린 대로 내가 너희에게 행하리니"(민 14:28)라고 하셨습니다. 그래서 그들은 가나안 땅에 못 들어갔습니다.

이스라엘 백성들은 광야에서 원망했는데 하나님은 그것을 악하다고 하셨습니다. 십계명 어기는 것만 악한 것이 아닙니다. "나를 원망하는 이 악한 회중에게 내가 어느 때

까지 참으랴? 이스라엘 자손이 나를 향하여 원망하는 바 그 원망하는 말을 내가 들었노라."(민 14:27)

주의 종을 향해서도 원망하지 말아야 합니다. 사람들은 하나님이 눈에 안보이니까 주의 종에게 원망합니다. 주의 종에게 원망하는 것은 곧 하나님께 원망하는 것과 같습니다. "모세가 또 이르되 여호와께서 저녁에는 너희에게 고기를 주어 먹이시고 아침에는 떡으로 배불리시리니 이는 여호와께서 자기를 향하여 너희가 원망하는 그 말을 들으셨음이라. 우리가 누구냐? 너희의 원망은 우리를 향하여 함이 아니요 여호와를 향하여 함이로다."(출 16:8)

사람들은 하나님이 좋은 것을 챙겨 주셔도 원망합니다.

하나님이 주신 것을 하찮게 여기지 말고 귀하게 여기며 감사해야 합니다. "백성이 하나님과 모세를 향하여 원망하되 어찌하여 우리를 애굽에서 인도해 내어 이 광야에서 죽게 하는가? 이곳에는 먹을 것도 없고 물도 없도다. 우리 마음이 이 하찮은 음식을 싫어하노라 하매."(민 21:5)

원망은 자기 기준에서 나오는 것이며 자기가 주인 행세하기 때문에 생기는 악한 말입니다. 성령님을 주인으로 모신 사람은 원망하지 않고 감사하는 말을 합니다.

원망하는 사람은 끝도 없이 원망만 합니다.

"이 사람들은 원망하는 자며 불만을 토하는 자며 그 정

욕대로 행하는 자라. 그 입으로 자랑하는 말을 하며 이익을 위하여 아첨하느니라."(유 1:16)

원망하지 말고 감사하는 말을 합시다.

내 안에 빛이 가득하다

어두움에서 빛으로 바뀐 내 인생

당신은 빛과 어두움을 생각해 보았습니까?

나는 지금 빛 가운데 거하고 있습니다. 내 안에 빛이 가득합니다. 그래서 나는 늘 행복한 마음으로 웃습니다.

어느 목사님이 말씀을 전하는데 '어두움에서 빛으로'라는 제목이었습니다. 좀 더 자세히 듣고 싶었는데 "그래, 맞아. 좋지, 좋아, 좋은 거야" 하고 지나갔습니다. 그런데 오늘 새벽에 그 말씀이 생각나고 나를 막 뒤흔들었습니다.

"어두움에서 빛으로."

예전의 내 인생은 깜깜한 어두움이었습니다.

때로는 '이 정도로 예수 믿고 사는 것도 좋아. 괜찮아' 하고 만족하며 살았는데 내 안에 성령님이 찾아오시니까 달라졌습니다. 그분은 나를 가만히 두지 않고 하나하나 더 풍성한 삶으로 인도하셨습니다. 말씀도 잘 깨닫게 해주셨고 나의 생각과 말과 행동을 하나씩 바꾸어 주셨습니다.

내가 보고 듣고 하는 모든 것이 달라졌습니다.

나는 성령님과 함께 생각하고 말하고 행동하게 되었습니다. 그러자 그분은 나를 어두움에서 빛으로 하늘과 땅 차이로 완전히 바꾸어 주셨습니다. 나는 행복해졌습니다.

성령님이 빛으로 내 안에 들어 오셨다는 것, 성령님과 인격적으로 교제하며 사는 것, 성령님의 기름 부으심이 강물처럼 넘친다는 것, 성령 충만하다는 것, 복음으로 산다는 것, 이게 웬일이며 웬 은혜이며 웬 축복입니까?

"성령님, 억만 번이나 감사합니다."

성경은 예수님이 빛이라고 말씀합니다. "그 안에 생명이 있었으니 이 생명은 사람들의 빛이라. 빛이 어두움에 비치되 어둠이 깨닫지 못하더라."(요 1:4~5)

예수님은 태양과 모든 빛을 창조하신 참 빛이십니다.

"참 빛 곧 세상에 와서 각 사람에게 비추는 빛이 있었나니 그가 세상에 계셨으며 세상은 그로 말미암아 지은 바 되었으되 세상이 그를 알지 못하였고."(요 1:9~10)

빛이신 예수님을 영접하면 하나님의 자녀가 됩니다.

"영접하는 자 곧 그 이름을 믿는 자들에게는 하나님의 자녀가 되는 권세를 주셨으니."(요 1:12)

예수님은 빛 자체이시며 어두움이 조금도 없습니다.

"우리가 그에게서 듣고 너희에게 전하는 소식은 이것이니 곧 하나님은 빛이시라. 그에게는 어둠이 조금도 없으시다는 것이니라."(요일 1:5)

이런 빛이신 예수의 영 곧 성령님이 내 안에 계시니까 내 마음이 얼마나 행복한지 모릅니다. 나는 빛의 자녀가 되었습니다. 빛의 사자가 되었습니다. 빛의 인생이 되었습니다. 성령 안에서 빛으로 산다는 것이 최고의 삶입니다.

빛의 특징은 밝은 것이며 빛을 모신 사람의 특징은 기쁨입니다. 빛이 들어오면 어두움이 다 사라집니다.

나는 생명의 빛을 얻었습니다. "예수께서 또 말씀하여 이르시되 나는 세상의 빛이니 나를 따르는 자는 어둠에 다니지 아니하고 생명의 빛을 얻으리라."(요 8:12)

당신도 전에는 어둠이었지만 이제는 주 안에서 빛이 되었습니다. 그러므로 빛의 자녀들처럼 밝고 환하게 웃으며 살아야 합니다. "너희가 전에는 어둠이더니 이제는 주 안

에서 빛이라. 빛의 자녀들처럼 행하라."(엡 5:8)

빛은 하나님의 영광입니다. 하나님의 영광이 당신에게 임하여 있고 당신을 덮고 있습니다. 그러므로 일어나야 합니다. "일어나라, 빛을 발하라. 이는 네 빛이 이르렀고 여호와의 영광이 네 위에 임하였음이니라."(사 60:1)

성령님은 나를 어두움에서 빛으로 옮겨 주셨습니다.

나는 기도합니다. "성령님, 저를 어둠에서 빛으로 옮겨 주셔서 감사합니다. 이 좋은 것을 흘려보내고 싶어요. 성령님, 어떻게 하면 되는지 가르쳐 주세요. 도와주세요. 그래서 주위 사람들을 빛으로 살리고 싶습니다. 성령님, 지혜를 주세요. 지혜를 주세요. 지혜를 주세요. 주님께 영광 돌리며 살고 싶습니다. 성령님, 억만 번이나 감사합니다. 억만 번이나 사랑합니다. 억만 번이나 행복합니다."

성령님과의 만남이 최고의 만남이다

당신은 누구와의 만남이 있습니까?

인생은 '만남의 축복'을 통해 성공합니다.

만남이라? 나는 그동안 식구들과의 만남만 생각했습니다. 그 외에도 이 사람 저 사람, 수많은 사람들과의 만남을 생각했습니다. 그런데 그보다 억만 배나 크고 귀한 만남이 있다는 것을 알게 되었습니다. 무엇일까요? 하나님과의 만남, 예수님과의 만남, 성령님과의 만남입니다. 나는 오랜 세월 이 만남은 전혀 생각하지 않았습니다. 사람들과의 만남이 인생의 전부인 줄 알았습니다.

그런 나를 하나님께서 책을 통해 강권적으로 이끄셨습니다. 최고의 만남인 성령님을 만나는 길로 이끌어 주셨던 것입니다. 성령님은 우주에서 최고입니다. 그런 분과 만나는 것 자체가 최고의 만남이 아니고 무엇이겠습니까?

성령님을 만나고부터는 그분과 살게 되었습니다.

나는 그분과의 사랑에 푹 빠졌고 매순간 그분과 함께 숨 쉬고 말하고 생각하고 걷고 뛰게 되었습니다. 이것은 곧 믿음의 길이었고 영의 길이었습니다. 하나님은 그 길 위에 나를 세워 놓고 하루하루 그 길을 걷게 하셨습니다.

성령님과 함께 물 위를 걷는 삶은 '믿음의 모험'을 하는 삶입니다. 나는 매일 믿음으로 물 위를 걷고 있습니다.

당신도 성령님과 함께 물 위를 걷기 바랍니다.

이때 주의해야 할 사항이 있습니다. 무엇일까요?

오직 예수님만 바라보아야 한다는 것입니다. 바람과 파도를 바라보면 당신의 마음이 가라앉습니다. 사람들의 목소리에 귀를 기울이면 두려움의 찬물이 당신의 마음에 흘러 들어옵니다. 당신의 눈을 고정시키고 믿음의 주요 또 온전케 하시는 이인 예수님만 바라보아야 합니다.

2,000년 전에 물 위를 걸으신 예수님은 지금 성령으로 내 안에, 나와 함께 살고 계십니다. 나는 예수의 영이신 성령님과 함께 오직 믿음으로 삽니다. 이 길만이 내가 걸어가야 하고 살아가야 하는 길이며 영생의 길입니다.

이 길에는 뒤로 돌아가는 길이 없습니다.

오직 앞으로만 갈 수 있습니다.

"우리는 뒤로 물러가 멸망할 자가 아니요 오직 영혼을 구원함에 이르는 믿음을 가진 자니라."(히 10:39)

크고 비밀한 일을 보이시는 성령님

당신은 하나님께 부르짖은 적이 있습니까?

나는 매일 이 말씀을 따라 하나님께 부르짖었습니다.

"너는 내게 부르짖으라. 내가 네게 응답하겠고 네가 알지 못하는 크고 은밀한 일을 네게 보이리라."(렘 33:3)

나는 하나님께 "제가 알지 못하는 크고 비밀한 일이 무엇이 있습니까?" 하고 자꾸 물어봅니다. 그러면 하나님이 내가 전혀 알지 못하는 사람과 책, 그 외에도 여러 가지 생각지도 못한 좋은 것들을 만나게 해주십니다.

그 가운데 김열방 목사님을 만나게 해주시고 그분이 쓴 책도 만나게 해주셨습니다. 그 책들을 통해 내 인생이 바뀌었습니다. 김열방 목사님은 성령님과 친밀하게 교제하는 분이었고 지금은 나도 그렇게 되었습니다.

무엇보다 나는 그분이 쓴 책들을 통해 나의 전부이신 성령님을 인격적으로 만나게 되었습니다. 최고이신 성령님 때문에 내 인생이 한없이 행복해졌습니다. "성령님, 억만 번이나 감사합니다. 억만 번이나 사랑합니다."

세상에서 가장 크고 비밀한 일은 무엇일까요?

'세상'이 아닌 '세상을 창조하신 성령님'이십니다.

많은 그리스도인들이 세상에서 크고 비밀한 일을 찾아 성공하겠다고 몸부림을 칩니다. 세상보다 억만 배나 크신 성령님의 임재하심과 기름 부으심에 크고 비밀한 일이 있습니다. 이 세상 모든 것은 아무것도 아닙니다.

"보라, 그에게는 열방이 통의 한 방울 물과 같고 저울의 작은 티끌 같으며 섬들은 떠오르는 먼지 같으리니 레바논은 땔감에도 부족하겠고 그 짐승들은 번제에도 부족할 것이라. 그의 앞에는 모든 열방이 아무것도 아니라 그는 그들을 없는 것 같이, 빈 것 같이 여기시느니라."(사 40:15~17)

이 말씀은 성령님에 대한 내용입니다.

첫째, 성령님께서는 열방이 통의 한 방울 물과 같습니다.
둘째, 성령님께서는 열방이 저울의 작은 티끌 같습니다.
셋째, 성령님께서는 섬들은 떠오르는 먼지 같습니다.
넷째, 성령님께서는 모든 열방이 아무것도 아닙니다.
다섯째, 성령님은 모든 열방을 없는 것처럼 빈 것 같이
여기십니다.

성령님보다 더 아름답고 존귀한 분은 없습니다.
성령님은 최고이십니다.

성령님은 크신 분이다

성령님은 강한 자로 임하셨다

당신은 성령님을 어떤 분으로 알고 있습니까?

많은 사람들이 성령님을 약한 분으로 알고 있습니다.

아닙니다. 성령님은 강한 자이십니다. 그분은 인격자이시며 눈에 보이지 않는 팔과 다리가 있으며 눈과 코와 입과 귀가 있습니다. 성령님은 인간의 모든 인격적인 부분을 지으신 분이요 실제로 살아 계신 하나님이십니다.

누구든지 성령님을 만나면 인생이 바뀝니다.

"보라, 주 여호와께서 장차 강한 자로 임하실 것이요 친히 그의 팔로 다스리실 것이라. 보라, 상급이 그에게 있고 보응이 그의 앞에 있으며 그는 목자 같이 양 떼를 먹이시며 어린 양을 그 팔로 모아 품에 안으시며 젖먹이는 암컷들을 온순히 인도하시리로다. 누가 손바닥으로 바닷물을 헤아렸으며 뼘으로 하늘을 쟀으며 땅의 티끌을 되에 담아 보았으며 접시저울로 산들을, 막대 저울로 언덕들을 달아 보았으랴? 누가 여호와의 영을 지도하였으며 그의 모사가 되어 그를 가르쳤으랴? 그가 누구와 더불어 의논하셨으며 누가 그를 교훈하였으며 그에게 정의의 길로 가르쳤으며 지식을 가르쳤으며 통달의 도를 보여 주었느냐?"(사 40:10~14)

과연 성령님은 어떤 분이실까요?

첫째, "보라, 주 여호와께서 장차 강한 자로 임하실 것이요"라고 했습니다. 성령님은 주 여호와이십니다. 주 여호와라는 말은 '주인님'이란 뜻입니다. 그분은 하늘과 땅의 주인이시며 그 가운데 있는 모든 것의 주인이십니다.

또한 그분은 만왕의 왕이십니다. 그분이 모든 왕들의 생명을 쥐고 계시며 우주에서 가장 강한 자이십니다.

둘째, "친히 그의 팔로 다스리실 것이라"고 했습니다.

성령님은 강한 손과 능한 팔을 가진 분이십니다. 그분께는 능치 못하심이 없습니다. 그분은 죽은 자를 살리시며 없는 것을 있는 것처럼 불러내시는 분이며 안 되는 것을 되게 하시는 분입니다. 그분이 손가락으로 사람을 만드셨고 하늘의 은하수를 다 만드셨습니다. 은하수 하나에는 수억 개의 별이 있는데 그런 은하수가 또 수억 개나 있습니다. 다윗은 "주의 손가락으로 만드신 주의 하늘과 주께서 베풀어 두신 달과 별들을 내가 보오니"(시 8:3)라고 노래했습니다. 그분이 손가락으로 당신의 머리카락과 모든 세포를 만드셨고 그분의 팔로 당신을 껴안고 계십니다.

성령님은 모든 것을 다스리는 강한 분이십니다.

성령님은 최고 중에 최고이십니다.

셋째, "보라, 상급이 그에게 있고 보응이 그의 앞에 있으며"라고 했습니다. 성령님은 당신의 믿음과 헌신에 대한 모든 것을 보상해 주시는 분입니다. 그분은 가난한 분이 아니며 모자라는 분도 아닙니다. 그분은 모든 것에 모든 것이 넘치는 부요하신 분입니다. 그분은 없는 것을 있는 것처럼 불러내어 당신에게 주시는 분입니다.

넷째, "그는 목자 같이 양 떼를 먹이시며 어린 양을 그

팔로 모아 품에 안으시며 젖먹이는 암컷들을 온순히 인도하시리로다"라고 했습니다. 눈에 보이는 어떤 사람도 아닌 성령님이 최고의 목자이십니다. 성령님이 양떼를 먹이십니다. 성령님이 어린 양들을 팔로 모으십니다. 성령님이 젖을 먹이는 어미 양들을 조심스럽게 인도하십니다.

다섯째, "누가 손바닥으로 바닷물을 헤아렸으며 뼘으로 하늘을 쟀으며 땅의 티끌을 되에 담아 보았으며 접시저울로 산들을, 막대 저울로 언덕들을 달아 보았으랴?"라고 했습니다. 이런 일을 하시는 분은 오직 성령님이십니다. 성령님은 크신 분입니다. 당신이 그분에 대해 어떤 생각을 한다 할지라도 성령님은 그보다 억만 배나 크신 분입니다.

성령님은 바닷물을 손바닥으로 떠서 헤아리시는 분입니다. 뼘으로 하늘을 재어 보시는 분입니다. 온 땅의 티끌을 되에 담아 보고 산들을 어깨 저울로 달아 보고 언덕들을 손저울로 달아 보시는 분입니다. 그분은 당신의 머리털도 다 세시는 분입니다. 그분은 모르는 것이 없습니다.

여섯째, "누가 여호와의 영을 지도하였으며 그의 모사가 되어 그를 가르쳤으랴? 그가 누구와 더불어 의논하셨으며 누가 그를 교훈하였으며 그에게 정의의 길로 가르쳤으며 지식을 가르쳤으며 통달의 도를 보여 주었느냐?"라고 했습니다. 그분은 최고로 지혜로우신 분입니다. 그분은 최고의 모략가 곧 처세술에 가장 능하신 분입니다. 그분은 모든 전쟁을 승리로 이끄시는 최고의 장군입니다. 그분은 당신의 모든 사정을 하나도 빠짐없이 다 아시는 최고의 상담자입니다. 그런 분이 당신과 함께 계십니다.

성령님을 의지하십시오. 그분께 도움을 구하십시오.

내가 무엇이기에, 이렇게 성령님을 알게 된 것은 하나님 아버지의 놀랍고 큰 은혜였습니다. "하나님 아버지, 감사드립니다. 저도 누구든지 만나면 그가 성령님을 만날 수 있도록 이끌어 주겠습니다. 성령님, 지혜를 주세요. 성령님, 가르쳐 주세요. 성령님, 도와주세요."

성령님과의 귀한 만남이 없으면 인생을 살아갈 수 없습니다. 이 만남만이 생명의 길이요 진리의 길입니다.

당신도 꼭 성령님을 만나세요. 성령님을 만나세요.

하나님은 당신을 아주 많이 사랑하십니다.

천국 같이 살다가 천국 가게 해주십니다.

그리고 예수의 증인이 되게 하십니다.

"오직 성령이 너희에게 임하시면 너희가 권능을 받고 예루살렘과 온 유대와 사마리아와 땅 끝까지 이르러 내 증인이 되리라 하시니라."(행 1:8)

성령님께 양도하라

가정을 성령님께 양도하라

당신은 가정을 성령님께 양도했습니까?

나는 가정의 모든 식구와 문제를 성령님께 양도했습니다. 그리고 날마다 양도합니다. 바울은 "내가 그리스도와 함께 죽었다"고 말했지만 또 "나는 날마다 죽는다"고 고백했습니다. 이처럼 우리도 날마다 양도해야 합니다.

최고이신 성령님께 가정을 양도하면 그분이 크고 놀라운 일을 행하시므로 최고의 작품으로 만들어 주십니다.

나는 가정이라는 곳은 행복하게 사는 것이 당연한 줄 알았습니다. 그런데 결혼해 보니 그렇지 않았습니다. 좋은 날도 있지만 힘들 때도 있었습니다. 한없이 행복해서 웃을 때도 있고 가슴이 너무 아파서 울 때도 있었습니다.

나는 고민했습니다.

'내 인생은 왜 이럴까? 우리 가정은 왜 이럴까?'

혼자 기도하면서 많이 고민했습니다. 집안에서 일어나는 크고 작은 문제들이라서 누구한테 이야기하기도 그렇고 하나님께 옮겼다, 다시 가져왔다 하길 되풀이했습니다.

그러나 이제는 글로 이 공간에 다 쏟아 놓습니다.

이 책에서 믿음의 말과 글로 내 무거운 짐을 성령님께 다 옮겨 놓았습니다. 그로 인해 내 마음이 편안히 쉬고 안정되었습니다. 예수님이 말씀하셨습니다. "수고하고 무거운 짐 진 자들아, 다 내게로 오라. 내가 너희를 쉬게 하리라. 나는 마음이 온유하고 겸손하니 나의 멍에를 메고 내게 배우라. 그리하면 너희 마음이 쉼을 얻으리니 이는 내 멍에는 쉽고 내 짐은 가벼움이라."(마 11:28~30)

이 말씀에서 중대한 깨달음을 얻을 수 있습니다.

첫째, "수고하고 무거운 짐 진 자들아, 다 내게로 오라. 내가 너희를 쉬게 하리라"고 했습니다. 오늘날 많은 사람들이 종교적인 고행과 도를 닦음, 온갖 율법주의 행위로 수고하며 무거운 짐을 지고 있습니다. 또한 마귀의 멍에로 인해 온갖 불치의 질병으로 고통당하고 있습니다. 예수님은 그 모든 무거운 짐을 내려놓고 쉬게 하시는 분입니다.

율법의 행위로는 의롭다 함을 받을 육체가 없습니다. 아무리 많은 금식을 해도, 수백 가지의 율법과 규례를 평생 완벽하게 다 지켜도 그것으로 의롭다 함을 얻지 못합니다. 율법은 그것을 지키므로 의로워지라고 주신 것이 아닙니다. 죄를 깨달으라고 주신 것입니다. "그러므로 율법의 행위로 그의 앞에 의롭다 하심을 얻을 육체가 없나니 율법으로는 죄를 깨달음이니라."(롬 3:20)

예수님이 십자가에서 피와 물을 쏟으며 다 이루었습니다. 그분은 "다 이루었다"(요 19:30)고 외치셨습니다. 그분은 율법을 다 이루신 분이며, 모든 죄와 저주를 다 속량하신 분입니다. 예수 그리스도는 하나님의 의입니다.

"이제는 율법 외에 하나님의 한 의가 나타났으니 율법과 선지자들에게 증거를 받은 것이라. 곧 예수 그리스도를 믿음으로 말미암아 모든 믿는 자에게 미치는 하나님의 의니 차별이 없느니라. 모든 사람이 죄를 범하였으매 하나님의 영광에 이르지 못하더니 그리스도 예수 안에 있는 속량으로 말미암아 하나님의 은혜로 값없이 의롭다 하심을 얻

은 자 되었느니라."(롬 3:21~24)

둘째, " 나는 마음이 온유하고 겸손하니 나의 멍에를 메고 내게 배우라"고 했습니다. 예수님은 하나님의 어린 양으로서 마음이 온유하고 겸손하신 분입니다. 그런 분에게 성령이 비둘기처럼 임하신 것입니다. 양과 비둘기, 잘 어울리지 않습니까? 늑대와 비둘기가 아닙니다.

나는 예수님의 양입니다. 나도 내 안에 살아 계신 예수님 때문에 예수님처럼 마음이 온유하고 겸손한 사람이 되었고 그런 내 위에 성령이 비둘기처럼 임하여 있습니다.

왜 강퍅해집니까? 마음이 조급하기 때문입니다. "노하기를 더디 하는 자는 크게 명철하여도 마음이 조급한 자는 어리석음을 나타내느니라"(잠 14:29)고 했습니다. 조급하면 자꾸 분노하게 됩니다. 양은 조급하지 않습니다.

왜 조급하지 않을까요? 한걸음씩 앞서 가는 목자를 바라보며 천천히 따라 가면 되기 때문입니다. 사람의 멍에를 메고 사람에게 배우려 하지 말고 자유를 얻으십시오.

오직 예수님의 멍에를 메고 예수님에게 배우십시오.

예수님이 지신 멍에는 사람의 잡다한 멍에가 아닌 한 가지 곧 '성령님의 인도하심'을 받는 것뿐이었습니다. 예수님은 요단강에서 세례 받고 올라오신 후에 비둘기 같은 성령을 받으셨고 "성령에 이끌리어" 광야로 가셨습니다.

"예수께서 성령의 충만함을 입어 요단강에서 돌아오사 광야에서 사십 일 동안 성령에게 이끌리시며."(눅 4:1)

하나님의 영으로 인도함을 받는 우리는 하나님의 자녀입니다. 최고이신 성령님께 모든 문제를 양도하고 그분의 인도하심을 따라서만 살면 자유롭고 행복합니다. 이 얼마나 단순한 삶입니까? 그렇게 살기 바랍니다.

셋째, "그리하면 너희 마음이 쉼을 얻으리니 이는 내 멍에는 쉽고 내 짐은 가벼움이라"고 했습니다.

예수님의 멍에는 쉽고 예수님의 짐은 가볍습니다. 인생은 결코 어렵고 무겁게 사는 것이 아닙니다. 왜 어렵고 무겁게 삽니까? 자기 힘으로 살려고 몸부림치기 때문입니다. 모든 문제를 최고이신 성령님께 양도하십시오.

모든 것을 양도하면 쉽고 가벼워집니다.

마음에 쉼을 얻게 됩니다.

자녀를 성령님께 양도하라

당신은 마음과 입술로 무엇을 많이 합니까?

예수님은 말씀하셨습니다. "선한 사람은 마음에 쌓은 선에서 선을 내고 악한 자는 그 쌓은 악에서 악을 내나니 이는 마음에 가득한 것을 입으로 말함이니라."(눅 6:45)

나는 내 마음과 입에 남들이 하는 생각과 말을 받아들이고 채웠습니다. 아무것도 모르고 그냥 그렇게 마구 생각하고 말하면 되는 줄 알았습니다. 그러나 하나님의 말씀을 보면서 그렇게 하면 안 된다는 것을 깨달았습니다. 성령님은 성경을 통해 내 마음과 입에 무엇을 넣어야 할지 또 어떤 생각과 말을 해야 할지 하나씩 가르쳐 주셨습니다.

그래서 요즘은 모든 것이 참 놀랍고 재미있습니다.

'오늘은 무슨 마음을 주실까?'
'오늘 내게 무슨 말씀을 하실까?'
'내가 무엇을 보고 듣고 읽고 말하게 하실까?'

궁금하고 기다려집니다. 가슴이 설렙니다.

최고이신 성령님이 내 친구가 되어 주시고 내 코치와 선생님이 되어 주셨습니다. 놀라우신 성령님께 모든 것을 물어보고 그분과 함께 사는 인생, 신기하고 놀랍습니다. 기이하고 황홀합니다. 하나님이 만드신 멋진 인생이죠.

오늘 아침엔 기독교 텔레비전에 젊은 부부가 나왔습니

다. 신혼여행으로 선교 여행을 하고 왔다고 했습니다. 그렇게 열정적으로 선교하며 사는 모습이 참 보기 좋았고 하나님 기뻐하시는 간증이라는 생각이 들었습니다.

나는 지금껏 그렇게 하지 못했지만 우리 자녀들과 모든 아이들이 신혼 초부터 선교하며 결혼 생활을 시작했으면 좋겠습니다. "성령님, 도와주세요"라고 기도합니다.

나의 자녀가 어떤 작품이 될지는 성령님만 아십니다.

그래서 나는 매일 성령님께 자녀를 양도합니다.

"성령님, 자녀를 성령님께 양도합니다. 성령님이 기름 부으시고 원하시는 대로 사용해 주세요."

성령님과의 만남이 최고의 복이다

당신은 어떤 만남의 축복이 있었습니까?

전에 내가 다녔던 교회 목사님은 부흥강사였습니다.

그 목사님은 설교 말씀과 그 외 모든 것이 오직 전도뿐이었습니다. 그래서 나는 '전도는 당연히 해야 되는구나' 하고 따라다니다 보니 전도가 일상이 되었습니다. 하나님이 그렇게 만들어 주신 것입니다. 전도하면 재미있습니다.

이 사람 저 사람 만나고 이 집 저 집 다니며 말만 하면 되니까요. 때론 전도할 때 힘든 일도 있었지만 하나님이 계속 이 길을 가게 해주셨습니다. 하나님이 내게 입을 주시고 말할 수 있게 해주셔서 감사할 뿐입니다.

"성령님, 제가 복음을 누리고 전할 수 있게 해주셔서 감사합니다. 성령님, 시간과 공간을 초월해서 우리 가정이 믿음의 명문가가 되게 해주셔서 감사합니다. 온가족이 모두 복음을 전하는 행복한 전도자로 살게 해주셔서 감사합니다. 우리 가정만 아니라 모든 사람이 선교 여행도 하고 온 천하에 다니며 복음을 전하게 해주세요. 성령님, 제 평생 복음의 말씀을 전하며 살겠습니다."

성령님께 목숨을 양도하라

성령님께 목숨을 양도하라

당신은 성령님께 목숨을 양도했습니까?

목숨을 양도한 사람은 두려움이 없고 담대합니다.

베드로는 성령님께 자신의 목숨을 양도했습니다. 그로 인해 내일 당장 목이 잘려 죽을 지경에 이르렀지만 조금도 두려워하지 않고 골아 떨어졌습니다. 얼마나 깊이 잠들었는지 천사가 옆구리를 치며 깨워야 했습니다.

"그 때에 헤롯왕이 손을 들어 교회 중에서 몇 사람을 해

하려 하여 요한의 형제 야고보를 칼로 죽이니 유대인들이 이 일을 기뻐하는 것을 보고 베드로도 잡으려 할새 때는 무교절 기간이라. 잡으매 옥에 가두어 군인 넷씩인 네 패에게 맡겨 지키고 유월절 후에 백성 앞에 끌어내고자 하더라. 이에 베드로는 옥에 갇혔고 교회는 그를 위하여 간절히 하나님께 기도하더라. 헤롯이 잡아내려고 하는 그 전날 밤에 베드로가 두 군인 틈에서 두 쇠사슬에 매여 누워 자는데 파수꾼들이 문 밖에서 옥을 지키더니 홀연히 주의 사자가 나타나매 옥중에 광채가 빛나며 또 베드로의 옆구리를 쳐 깨워 이르되 급히 일어나라 하니 쇠사슬이 그 손에서 벗어지더라. 천사가 이르되 띠를 띠고 신을 신으라 하거늘 베드로가 그대로 하니 천사가 또 이르되 겉옷을 입고 따라오라 한대 베드로가 나와서 따라갈새 천사가 하는 것이 생시인 줄 알지 못하고 환상을 보는가 하니라. 이에 첫째와 둘째 파수를 지나 시내로 통한 쇠문에 이르니 문이 저절로 열리는지라. 나와서 한 거리를 지나매 천사가 곧 떠나더라. 이에 베드로가 정신이 들어 이르되 내가 이제야 참으로 주께서 그의 천사를 보내어 나를 헤롯의 손과 유대 백성의 모든 기대에서 벗어나게 하신 줄 알겠노라 하여 깨닫고 마가라 하는 요한의 어머니 마리아의 집에 가니 여러 사람이 거기에 모여 기도하고 있더라."(행 12:1~12)

당신도 베드로처럼 목숨을 양도하기 바랍니다. 목숨을 양도할 때 기적이 일어납니다. 어떤 기적이 일어날까요?

첫째, 목숨을 양도하면 두려움이 사라집니다.

"그 때에 헤롯왕이 손을 들어 교회 중에서 몇 사람을 해하려 하여."(행 12:1) 목숨을 양도하면 어떤 박해도 두려워하지 않게 됩니다. 주님의 손은 왕의 손보다 큽니다.

당신은 무엇이 두렵습니까? "두려움이 없다면 무슨 일을 할 것인가?"라는 말이 있습니다. 두려움이 없다면 어떤 박해도 두려워하지 않고 교회에 나가 예배할 수 있습니다.

마귀는 두려움의 족쇄로 하나님의 자녀를 묶습니다.

"남편에게 맞으면 어떻게 하나요?"
"이혼하게 되면 어떻게 하나요?"
"자녀를 잃게 되면 어떻게 하나요?"
"사업이 망하면 어떻게 하나요?"

이 모든 것을 한 마디로 말하면 '두려움'입니다.

많은 사람들이 이런 일이 자기 인생에 절대로 있으면 안 된다, 그러면 하나님의 영광을 가린다고 생각합니다. 가족이나 친척, 친구 등 모든 사람의 기분을 좋게 하면서 관계를 잘 유지해야 한다고 생각합니다. 그렇지 않습니다.

예수님은 자기를 믿고 따르는 자들에게 좋은 일만 있을 것이며 나쁜 일이 전혀 없을 것이라고 하지 않으셨습니다.

그분을 따르면 이보다 더 심한 것도 겪을 수 있다고 하셨습니다. 심하면 죽을 수도 있다고 하셨습니다. 예수님은 화평을 주러 오신 것이 아니요 검을 주러 오셨습니다.

"몸은 죽여도 영혼은 능히 죽이지 못하는 자들을 두려워하지 말고 오직 몸과 영혼을 능히 지옥에 멸하실 수 있는 이를 두려워하라. 참새 두 마리가 한 앗사리온에 팔리지 않느냐? 그러나 너희 아버지께서 허락하지 아니하시면 그 하나도 땅에 떨어지지 아니하리라. 너희에게는 머리털까지 다 세신 바 되었나니 두려워하지 말라, 너희는 많은 참새보다 귀하니라. 누구든지 사람 앞에서 나를 시인하면 나도 하늘에 계신 내 아버지 앞에서 그를 시인할 것이요 누구든지 사람 앞에서 나를 부인하면 나도 하늘에 계신 내 아버지 앞에서 그를 부인하리라. 내가 세상에 화평을 주러 온 줄로 생각하지 말라. 화평이 아니요 검을 주러 왔노라. 내가 온 것은 사람이 그 아버지와, 딸이 어머니와, 며느리가 시어머니와 불화하게 하려 함이니 사람의 원수가 자기 집안 식구리라. 아버지나 어머니를 나보다 더 사랑하는 자는 내게 합당하지 아니하고 아들이나 딸을 나보다 더 사랑하는 자도 내게 합당하지 아니하며 또 자기 십자가를 지고 나를 따르지 않는 자도 내게 합당하지 아니하니라. 자기 목숨을 얻는 자는 잃을 것이요 나를 위하여 자기 목숨을

잃는 자는 얻으리라."(마 10:28~39)

당신은 무엇이 두렵습니까? 피하거나 숨지 말고 그 두려움과 정면으로 부딪히십시오. 그러면 그 두려움이 깨어질 것입니다. "내게 어떤 일이 일어나도 괜찮다. 나는 이 두려움과 정면으로 부딪히겠다"고 뜻을 정하십시오.

그리고 성령님께 구체적인 도움을 구하십시오.

"성령님, 남편을 두려워하지 않게 해주세요."

"성령님, 흥하든지 망하든지, 성하든지 쇠하든지 성령님께 다 양도합니다. 조금도 두려워하지 않게 해주세요."

둘째, 목숨을 양도하면 사람에게 쩔쩔 매지 않습니다.

"요한의 형제 야고보를 칼로 죽이니 유대인들이 이 일을 기뻐하는 것을 보고 베드로도 잡으려 할새 때는 무교절 기간이라."(행 12:2~3) 헤롯왕은 사람을 기쁘게 하기 위해 일했지만 베드로는 사람을 기쁘게 하지 않았습니다.

당신은 누구를 기쁘게 하는 사람입니까? 메뚜기 같은 사람을 기쁘게 하는 사람의 종이 되지 말고 주님을 기쁘시게 하는 주님의 종이 되십시오. 마귀가 쓰는 그릇은 사람을 기쁘게 하는 사람입니다. 하나님이 쓰시는 그릇은 주님을 기쁘시게 하는 사람입니다. 세상 왕들은 다들 사람을 기쁘게 하기 위해 일합니다. 예수님은 만왕의 왕이십니다.

그러므로 우리는 예수님을 기쁘시게 해야 합니다.

셋째, 목숨을 양도하면 모든 일을 받아들이게 됩니다.
"잡으매 옥에 가두어 군인 넷씩인 네 패에게 맡겨 지키고 유월절 후에 백성 앞에 끌어내고자 하더라."(행 12:4)
당신은 군병에게 잡히는 것이 두렵습니까? 옥에 갇히는 것이 두렵습니까? 끌려가는 것이 두렵습니까? 그런 것이 왜 두렵습니까? 조금도 두려워하지 마십시오. 당신 안에 계신 성령님께는 그 모든 것이 아무것도 아닙니다. 그분은 그 모든 것을 없는 것처럼 빈 것처럼 여기십니다. 베드로는 성령님께 자신의 목숨을 완전히 양도했기 때문에 그 후로 닥치는 모든 일을 평안하게 받아들였습니다.

넷째, 목숨을 양도하면 잠을 푹 자게 됩니다.
"이에 베드로는 옥에 갇혔고 교회는 그를 위하여 간절히 하나님께 기도하더라. 헤롯이 잡아내려고 하는 그 전날 밤에 베드로가 두 군인 틈에서 두 쇠사슬에 매여 누워 자는데 파수꾼들이 문 밖에서 옥을 지키더니."(행 12:5~6)
사람이 잠을 못자는 이유가 무엇입니까? 내일 일을 염려하기 때문입니다. 예수님은 "내일 일은 내일이 염려할 것이다"라고 하셨습니다. 목숨을 양도한 사람은 내일 일을 염려하지 않습니다. 내일 대출을 상환해야 합니까? 내일 이자를 내야 합니까? 내일 카드 값을 결제해야 합니까? 내일 시험을 쳐야 합니까? 내일 법정에 서야 합니까? 내일 중요한 경기를 해야 합니까? 내일 설교해야 합니까?

베드로는 옥에 갇혔고 내일 죽을 형편입니다. 그런데도 내일 일을 염려하지 않고 잠을 푹 잤습니다.

다섯째, 목숨을 양도하면 천사가 움직이며 일합니다.

"홀연히 주의 사자가 나타나매 옥중에 광채가 빛나며 또 베드로의 옆구리를 쳐 깨워 이르되 급히 일어나라 하니 쇠사슬이 그 손에서 벗어지더라. 천사가 이르되 띠를 띠고 신을 신으라 하거늘 베드로가 그대로 하니 천사가 또 이르되 겉옷을 입고 따라오라 한대 베드로가 나와서 따라갈새 천사가 하는 것이 생시인 줄 알지 못하고 환상을 보는가 하니라. 이에 첫째와 둘째 파수를 지나 시내로 통한 쇠문에 이르니 문이 저절로 열리는지라. 나와서 한 거리를 지나매 천사가 곧 떠나더라."(행 12:7~10)

야고보처럼 목이 잘려 죽든, 베드로처럼 목이 잘리지 않고 살아나든 무슨 상관입니까? 베드로는 나중에 십자가에 거꾸로 못 박혀 죽었습니다. 바울은 목이 잘려 죽었습니다. 그래도 괜찮습니다. 사람들은 죽었다고 표현하지만 사실 그리스도인은 죽지 않았고 잠든 것뿐입니다.

"그들은 믿음으로 나라들을 이기기도 하며 의를 행하기도 하며 약속을 받기도 하며 사자들의 입을 막기도 하며 불의 세력을 멸하기도 하며 칼날을 피하기도 하며 연약한 가운데서 강하게 되기도 하며 전쟁에 용감하게 되어 이방 사람들의 진을 물리치기도 하며 여자들은 자기의 죽은 자들을 부활로 받아들이기도 하며 또 어떤 이들은 더 좋은 부활을 얻고자 하여 심한 고문을 받되 구차히 풀려나기를 원하지 아니하였으며 또 어떤 이들은 조롱과 채찍질뿐 아니라 결박과 옥에 갇히는 시련도 받았으며 돌로 치는 것과 톱으로 켜는 것과 시험과 칼로 죽임을 당하고 양과 염소의 가죽을 입고 유리하여 궁핍과 환난과 학대를 받았으니 이런 사람은 세상이 감당하지 못하느니라. 그들이 광야와 산과 동굴과 토굴에 유리하였느니라."(히 11:33~38)

당신에게 어떤 일이 생겨도 괜찮습니다.

조금도 두려워하지 마십시오.

과거와 현재와 미래를 양도하라

당신은 과거와 현재와 미래를 양도합니까?

당신의 과거와 현재와 미래를 성령님께 양도하십시오. 그러면 기름을 부으시고 그분 뜻대로 사용하실 것입니다.

베드로전서 5장 7절에 이렇게 말씀합니다. "너희 염려를 다 주께 맡기라. 이는 그가 너희를 돌보심이라."

그렇습니다. 과거와 현재와 미래를 다 맡겨야 합니다.

과거의 상처, 현재의 문제, 미래의 염려를 맡기십시오.

첫째, 과거의 상처받은 일로 속상해 하지 마십시오.

하나님은 모든 것을 합력하여 선을 이루시는 분입니다. 당신이 지금 살아 있는 것은 과거에 받았던 여러 가지 시련을 다 이겨냈기 때문입니다. 그 모든 것을 통과하게 하신 하나님의 은혜를 하나씩 기록하고 책에 써내십시오.

둘째, 현재의 문제는 어떻게 하면 되는지 성령님께 물으십시오. "성령님, 어떻게 할까요? 말씀해 주세요."

셋째, 미래의 모든 염려는 성령님께 맡기십시오.

쉽습니다. 이렇게 말씀드리면 됩니다.

"사랑하는 성령님, 과거와 현재와 미래를 성령님께 양도합니다. 기름 부으시고 성령님이 원하시는 대로 사용해 주세요. 모든 것을 합력해서 선을 이루심을 감사합니다."

당신이 성령님을 사랑하면 그 모든 것을 합력하여 선을 이루신다고 로마서 8장 28절에 말씀했습니다. "우리가 알거니와 하나님을 사랑하는 자 곧 그의 뜻대로 부르심을 입은 자들에게는 모든 것이 합력하여 선을 이루느니라."

바울은 로마서에 이렇게 말했습니다.

"그런즉 이 일에 대하여 우리가 무슨 말 하리요. 만일 하나님이 우리를 위하시면 누가 우리를 대적하리요. 자기 아들을 아끼지 아니하시고 우리 모든 사람을 위하여 내주신 이가 어찌 그 아들과 함께 모든 것을 우리에게 주시지 아니하겠느냐? 누가 능히 하나님께서 택하신 자들을 고발하리요 의롭다 하신 이는 하나님이시니 누가 정죄하리요. 죽으실 뿐 아니라 다시 살아나신 이는 그리스도 예수시니 그는 하나님 우편에 계신 자요 우리를 위하여 간구하시는 자시니라. 누가 우리를 그리스도의 사랑에서 끊으리요 환난이나 곤고나 박해나 기근이나 적신이나 위험이나 칼이랴. 기록된 바 우리가 종일 주를 위하여 죽임을 당하게 되며 도살당할 양 같이 여김을 받았나이다 함과 같으니라. 그러나 이 모든 일에 우리를 사랑하시는 이로 말미암아 우리가 넉넉히 이기느니라. 내가 확신하노니 사망이나 생명이나 천사들이나 권세자들이나 현재 일이나 장래 일이나 능력이나 높음이나 깊음이나 다른 어떤 피조물이라도 우리를 우리 주 그리스도 예수 안에 있는 하나님의 사랑에서 끊을 수 없

으리라."(롬 8:31~39)

　과거와 현재와 미래의 염려를 다 성령님께 맡긴 사람은 자유롭습니다. 성령님께 맡기면 그분이 기름을 부으시고 그것을 사용하시므로 영광을 받으십니다.

　우리는 오늘을 성령님과 함께 행복하게 살면 됩니다.

　오늘은 하나님이 주신 최고의 선물입니다.

　"성령님, 오늘을 주셔서 감사합니다."

오늘은 최고의 날이다

　당신은 오늘에 대해 생각해 보았습니까?

　나는 '오늘'이라는 말을 아주 좋아합니다. 하루하루의 오늘은 최고이신 성령님과 함께하는 최고의 날입니다.

| 오늘 |

오늘
이 하루
이 공간
이 인생

오늘
하나님이 계획하신 오늘
하나님이 창조하신 오늘
한 번도 가보지 않은 오늘
한 번도 살아보지 않았던 오늘
한 번도 사용하지 않았던 오늘
처음 가는 새로운 오늘

오늘
창조의 시간
기적의 시간
초자연적인 시간

오늘
하나님이 만드신 오늘
얼마나 좋은 것이 숨어 있을까?
얼마나 놀랍고 비밀한 것이 펼쳐질까?

오늘
가슴 설레는
내 인생의 단 하루뿐인
다른 날과
비교할 수 없는 오늘

오늘
이것도 저것도

하나님이 하나씩
내게 가져오시네요.

오늘
얼마나
좋은 것을
가져오시고
더해 주시고
채워 주시고
안겨 주시고
부어 주시고
만들어 주실까?

성령님,
기대하고
기대하고
기대합니다.
기대합니다.

예수님,
억만 번이나 감사합니다.

하나님 아버지,
억만 번이나 찬송합니다.
아멘.

성령님께 물으라

당신은 문제가 생기면 누구에게 묻습니까?

나는 중대한 결정을 내릴 때 항상 최고이신 성령님께 묻습니다. 전에는 내 인생의 주인이신 성령님께 묻는 것을 생각하지 못했습니다. 눈에 보이는 부모님과 이 사람 저 사람한테 묻고 내 마음대로 생각하며 살아왔습니다.

묻는 것만 잘해도 신나고 멋지게 살 수 있습니다.

이제는 모든 것을 최고이신 성령님께 200퍼센트 물으며 살려고 합니다. 때로는 잊어버리기도 하지만 기억나면 다시 묻습니다. 묻고 또 묻고 다시 물어봅니다. 성령님이 말씀하시면 그걸 붙들고 생각하고 기도합니다. 성령님이 주신 것을 말하고 글을 쓰고 행동으로 옮기며 순종합니다. 당신도 인생의 주인이신 성령님께 물어보십시오.

바울은 예수님을 처음 만났을 때부터 물었습니다.

"주님, 누구십니까?"
"주님, 제가 무엇을 하리이까?"

우리도 이 두 가지를 늘 물어야 합니다.

그렇게 물었을 때 주님께서는 음성으로 대답하셨습니다. 왜 이 사람 저 사람을 찾아가서 묻습니까?

당신과 함께 계신 주님께 물으십시오. 성경을 펴놓고 기도하면서 물으십시오. 그리고 기름 부으심을 받은 주의 종에게 물으십시오. 그러면 주님께서 말씀하십니다.

성령님은 지금도 세미한 음성을 통해, 성경 말씀을 통해, 주의 종의 입술을 통해 대답하십니다.

예수를 믿고 난 후에 10년, 20년이 지나도 주님께 묻지 않는 사람들이 많습니다. 그리고 자기가 주인 행세합니다.

그러면서 왜 자기 삶이 그렇게 힘든지 의아해 합니다.

회개하고 주님께 묻기 바랍니다.

사람의 영광을 구하지 마라

당신은 성령님을 주인으로 모시고 있습니까?

나는 성령님을 주인으로 모시는데, 너무 좋습니다.

세상에는 주인들이 많습니다. 집 주인, 빌딩 주인, 기업 주인 등 다들 주인이 되고 싶어 합니다. 성령님은 우주 만물의 주인이시며 이 세상의 어떤 주인보다 크십니다.

성령님께 있어 열방은 통의 한 방울 물과 같고 저울의 작은 티끌 같으며 섬들은 떠오르는 먼지와 같습니다. 성령님은 그 모든 것을 없는 것처럼, 빈 것처럼 여기십니다.

성령님은 최고이십니다. 최고이신 성령님 때문에 나의

생각이 바뀌었고 말과 행동, 모든 것이 바뀌었습니다.

성령님을 주인으로 모시면 교만한 마음이 겸손해집니다. 교만은 내가 모든 일을 한다고 생각하는 것입니다.

그리고 그 일이 끝나면 하나님의 영광이 아닌 사람의 영광을 구하게 됩니다. 사람의 영광을 구하는 것은 허탄한 일입니다. 주기도문에 "나라와 권세와 영광은 아버지께 영원히 있다"고 했습니다. 당신은 어떤 영광을 구합니까?

헤롯왕은 사람의 영광을 구하다가 벌레에게 먹혀 죽었습니다. "헤롯이 날을 택하여 왕복을 입고 단상에 앉아 백성에게 연설하니 백성들이 크게 부르되 이것은 신의 소리요 사람의 소리가 아니라 하거늘 헤롯이 영광을 하나님께로 돌리지 아니하므로 주의 사자가 곧 치니 벌레에게 먹혀 죽으니라."(행 12:21~23) 우리도 조심해야 합니다.

항상 자신을 낮추고 겸손해야 합니다. 사람들에게 인정과 칭찬을 받고자 움직이지 않도록 조심하십시오. 사람들의 칭찬에 우쭐해지지 않도록 늘 깨어 기도하십시오.

자나 깨나 최고이신 성령님만 찾으십시오.

예수님처럼 오직 아버지의 나라와 권세와 영광을 구하십시오. 날마다 무릎 꿇고 이렇게 기도하십시오. "주님, 저에게 아버지의 나라가 임하고 아버지의 권세가 나타나게 하소서. 아버지의 영광으로 만족하게 하소서."

내 모든 것을 아시는 성령님

당신은 성령님의 능력에 대해 아십니까?

그분은 모든 것을 아시는 분입니다. 사람들은 말합니다. "내 형편을 알아주는 사람이 없구나." 그렇습니다.

사람은 당신의 형편을 다 알아줄 수 없습니다. 사람은 자기 형편도 다 모릅니다. 자신이 성공한다고 생각하는데 실패하고, 실패한다고 생각하는데 성공하기도 합니다.

이 세상에서 우리의 모든 것을 아시는 분은 오직 성령님 한 분뿐이십니다. 그리고 성령님은 하나님의 마음속에 있는 깊은 것까지도 다 아십니다. 바울은 말했습니다.

"오직 하나님이 성령으로 이것을 우리에게 보이셨으니 성령은 모든 것 곧 하나님의 깊은 것까지도 통달하시느니라."(고전 2:10) 성령님은 모든 것을 다 아십니다.

그러므로 우리는 성령님과 사귀며 그분께 물어야 합니다. 그러면 성령님께서 눈을 열어 주의 법의 기이한 것을 보여 주십니다. 지혜와 계시의 정신을 주어 하나님을 알게 하십니다. 귀를 열어 주님의 음성을 듣게 하십니다.

바울은 주님의 음성을 들었습니다. "그가 또 이르되 우리 조상들의 하나님이 너를 택하여 너로 하여금 자기 뜻을 알게 하시며 그 의인을 보게 하시고 '그 입에서 나오는 음성을 듣게 하셨으니' 네가 그를 위하여 모든 사람 앞에서 네가 보고 들은 것에 증인이 되리라."(행 22:14~15)

주님의 음성을 들은 자가 '부름 받은 자'입니다.

주님의 음성을 들으려면 그분을 만나야 합니다. 그리고 그분께 물어야 합니다. 이것이 주님과의 인격적인 교제입니다. 우리는 종교적인 신앙생활에서 한 걸음 더 나아가 주님과 인격적인 교제를 나누어야 합니다. 교회 안에서 성도들끼리만 교제를 나누는 것으로는 부족합니다. 아버지와 그의 아들 예수 그리스도와 더불어 사귀어야 합니다.

"우리가 보고 들은 바를 너희에게도 전함은 너희로 우리와 사귐이 있게 하려 함이니 우리의 사귐은 아버지와 그의 아들 예수 그리스도와 더불어 누림이라."(요일 1:3)

아버지와 그의 아들 예수 그리스도와 사귀는 것은 성령님을 통해서 가능합니다. 성령님이 아버지의 영이요 예수 그리스도의 영이기 때문입니다. 성령님을 사랑하십시오.

성령님과 친밀한 교제를 나누라

당신은 성령님과 친밀한 교제를 나눕니까?

나는 자나 깨나 성령님을 구하고 찾고 두드립니다.

"성령님, 성령님, 사랑하는 성령님, 최고이신 성령님."

그러자 성령님께서 나를 많이 사랑해 주시고 내게 많은 깨달음을 주셨습니다. 크고 놀라운 비밀한 일로 인도하셨습니다. 나는 그동안 많은 은혜와 복을 받았습니다.

대학 교수요 박사라도 책을 한 줄도 못 쓰는 사람이 많은데 최고이신 성령님의 도우심으로 이렇게 두꺼운 책을 써내게 되었습니다. 성령님은 미련한 자에게 지혜를 주시고 우둔한 자에게 학자의 혀를 주시는 분입니다.

이사야 선지자는 말했습니다.

"주 여호와께서 학자들의 혀를 내게 주사 나로 곤고한 자를 말로 어떻게 도와줄 줄을 알게 하시고 아침마다 깨우치시되 나의 귀를 깨우치사 학자들 같이 알아듣게 하시도다. 주 여호와께서 나의 귀를 여셨으므로 내가 거역하지도 아니하며 뒤로 물러가지도 아니하며."(사 50:4~5)

나는 이렇게 책을 쓰고 있습니다. 하지만 나는 내가 한다고 생각하지 않습니다. 내가 하는 것이 아니라 내 안에 계신 성령님이 하십니다. 성령님이 나의 주인이십니다.

나는 성령님과 친밀하게 교제하며 그분을 의지할 뿐입니다. 그러면 성령님의 기름 부으심이 넘치게 됩니다.

성령님과 함께 복음을 누리고 전하고 사는 내 인생, 놀랍고 놀랍고 놀라운 극치의 인생이죠.

"하나님, 억만 번이나 감사합니다. 예수님, 억만 번이나 감사합니다. 성령님, 억만 번이나 감사합니다."

당신도 성령님을 주인으로 모시고 사세요.

그러면 모든 것이 쉽고 재미있습니다.

| 어둠에서 빛의 인생으로 |

당신을 초청합니다.

지금 예수님을 믿으세요.
지금 하나님께 항복하고 돌아오세요.

하나님은 당신을 많이 사랑하십니다.
천국 같이 살다가 천국 갑시다.

성령님이 가장 큰 재산이다

당신은 무엇을 가장 큰 재산으로 여깁니까?

나는 성령님을 가장 큰 재산으로 여깁니다. 그분은 최고의 보배이십니다. 돈이나 명예, 남편이나 자녀가 아닙니다. 성령님만큼 좋은 분은 어디에도 없습니다. 성령님만 계시면 날마다 새 힘이 넘치고 살맛이 납니다.

나는 성령님 때문에 삽니다. "우리가 그를 힘입어 살며 기동하며 존재하느니라. 너희 시인 중 어떤 사람들의 말과 같이 우리가 그의 소생이라 하니."(행 17:28)

당신도 마찬가지입니다. 당신이 알든 모르든 당신은 성

령님 안에서 살고 움직이고 존재하고 있습니다. 사람의 모든 호흡은 성령님이 주신 것입니다. 성령님이 아니고는 한 순간도 살아갈 수 없습니다. 사도행전 17장 25절에는 "또 무엇이 부족한 것처럼 사람의 손으로 섬김을 받으시는 것이 아니니 이는 만민에게 생명과 호흡과 만물을 친히 주시는 이심이라"고 했습니다. 이렇게 놀랍고 존귀하신 성령님을 우리는 어떻게 모셔야 할까요?

인격적으로 대하며 존중해야 합니다.

궁금한 것이 있으면 성령님께 물으라

성령님은 인격을 가진 분이십니다.

그러므로 그분께 말을 걸고 자꾸 물어야 합니다.

그러면 인생이 무엇인지 조금씩 깨닫게 됩니다. 인생은 성령님을 만나고 그분과 사랑과 우정의 친밀한 교제를 나누기 위해 있습니다. 당신은 인생을 생각해 보았습니까?

'내게 있어 인생이란 무엇인가?'

이게 나에게도 가장 큰 숙제이고 기도 제목이었습니다.

나는 내 인생이 뭔지 너무 궁금해서 묻고 또 물었습니다. 묻고 또 묻고 셀 수 없이 묻고 글로 쓰기도 했습니다.

'성령님, 제 인생은 무엇인가요?'

그때마다 성령님은 낱낱이 다 가르쳐 주셨습니다.

인생은 무엇일까요? "그러므로 모든 육체는 풀과 같고 그 모든 영광은 풀의 꽃과 같으니 풀은 마르고 꽃은 떨어지되 오직 주의 말씀은 세세토록 있도다 하였으니 너희에게 전한 복음이 곧 이 말씀이니라."(벧전 1:24~25)

첫째, 모든 육체는 풀과 같습니다.

둘째, 그 모든 영광은 풀의 꽃과 같습니다.

셋째, 풀은 마르고 꽃은 떨어집니다.

넷째, 오직 주의 말씀은 세세토록 있습니다.

다섯째, 복음이 곧 이 말씀입니다.

인생은 먼지 같습니다. "이는 그가 우리의 체질을 아시며 우리가 단지 먼지뿐임을 기억하심이로다."(시 103:14)

인생은 메뚜기 같습니다. "그는 땅 위 궁창에 앉으시나니 땅에 사는 사람들은 메뚜기 같으니라."(사 40:22)

그런 내 인생이 성령님을 만남으로 존귀해졌습니다.

성령님과 함께 사는 것, 좋은 날도 많지만 힘들고 깜깜한 날도 많았습니다. 주변 사람들과의 갈등으로 흐리고 바람 부는 날, 눈 오고 태풍이 부는 날도 있었습니다.

하지만 그 모든 날에 성령님이 함께하셨습니다.

성령님은 나를 업고 모든 길을 함께하셨습니다.

그동안의 내 인생에는 꼬불꼬불한 길, 울퉁불퉁한 길, 가시밭길, 오르막길과 내리막길, 평지 등 다양한 길이 있었지만 그 모든 길을 성령님이 업고 걸으셨습니다.

출애굽기 19장 4절에 이렇게 말씀합니다. "내가 애굽 사람에게 어떻게 행하였음과 내가 어떻게 독수리 날개로 너희를 업어 내게로 인도하였음을 너희가 보았느니라."

독수리 날개는 '주의 영'을 말하며 성경은 여호와의 영 곧 주의 영에 대해 이렇게 말씀합니다. "여호와께서 그를 황무지에서, 짐승이 부르짖는 광야에서 만나시고 호위하시며 보호하시며 자기의 눈동자 같이 지키셨도다. 마치 독수리가 자기의 보금자리를 어지럽게 하며 자기의 새끼 위에 너풀거리며 그의 날개를 펴서 새끼를 받으며 그의 날개 위에 그것을 업는 것 같이 여호와께서 홀로 그를 인도하셨고 그와 함께 한 다른 신이 없었도다."(신 32:10~12)

지금도 성령님이 당신을 업고 계십니다.

내가 어떻게 살아야 할지 알지 못할 때 최고이신 성령님께 묻기만 하면 그분은 정확하게 가르쳐 주셨습니다.

당신도 성경을 펴 놓고 성령님께 물으세요. 아주 쉽고 재밌고 멋지고 찬란하게 살 수 있는 길을 알려주십니다.

최고이신 성령님께 묻고 묻고 또 물어보세요.

자꾸 물어보세요. 많이 많이 물어보세요.

"성령님, 어떡해요?"라고 물으면 다 가르쳐 주십니다.

안 물으면 하나도 안 가르쳐 주십니다.

어떻게 물어야 할까요?

첫째, 성공했을 때 더욱 겸손한 마음으로 주님께 물어야 합니다. "무리가 그들의 양식을 취하고는 어떻게 할지를 여호와께 묻지 아니하고."(수 9:14)

둘째, 여호와께 묻지 않으면 버림받습니다. "여호와께 묻지 아니하였으므로 여호와께서 그를 죽이시고 그 나라를 이새의 아들 다윗에게 넘겨주셨더라."(대상 10:14)

셋째, 세상 안에서 스스로 강하려 하며 세상으로 내려가고 묻지 않는 사람이 있습니다. "그들이 바로의 세력 안에서 스스로 강하려 하며 애굽의 그늘에 피하려 하여 애굽으로 내려갔으되 나의 입에 묻지 아니하였도다."(사 30:2)

넷째, 지금은 성령 시대이므로 예수 이름으로 구하며 성령님께 물어야 합니다. "그 날에는 너희가 아무 것도 내

게 묻지 아니하리라."(요 16:23)

　큰일도 묻고 작은 일도 묻기 바랍니다.
　문제가 생길 때마다 이렇게 말하면 됩니다.
　"성령님, 어떻게 할까요?"

많은 사람을 부요케 하라

당신은 자신이 어떤 사람인지 아십니까?

나는 내가 어떤 사람인지 성경을 통해 알았습니다.

성령님은 절망에 있는 내 인생을 희망으로 바꾸어 주셨습니다. 어둠에 있는 내 인생을 빛으로 옮겨 주셨습니다.

나는 누구일까요? 바울은 이렇게 말했습니다.

"무명한 자 같으나 유명한 자요 죽은 자 같으나 보라 우리가 살아 있고 징계를 받는 자 같으나 죽임을 당하지 아니하고 근심하는 자 같으나 항상 기뻐하고 가난한 자 같으나 많은 사람을 부요하게 하고 아무 것도 없는 자 같으나 모든

것을 가진 자로다."(고후 6:9~10)

다섯 가지를 발견할 수 있습니다. 무엇일까요?

첫째, 나는 무명한 자 같으나 유명한 자입니다.
둘째, 죽은 자 같으나 살아 있습니다.
셋째, 징계를 받는 자 같으나 죽임을 당하지 않습니다.
넷째, 근심하는 자 같으나 항상 기뻐합니다.
다섯째, 가난한 자 같으나 많은 사람을 부요케 합니다.
여섯째, 아무 것도 없는 자 같으나 모든 것을 가진 자입니다.

여기에 대해 좀 더 알아보겠습니다.

첫째, 나는 세상에서 무명한 자 같지만 하나님이 보실 때 유명한 자입니다. 나는 사람들에게 인정받기 위해 돌아다니지 않고 오직 영혼 구원을 위해 전도하며 다닙니다. 사람들의 인정은 바람에 날리는 먼지와 같고 아무것도 아닙니다. 최고이신 성령님이 나를 인정해 주시면 됩니다.

둘째, 나는 세상과 죄에 대해서는 죽은 자이며 그리스

도와 그분의 의롭다 하심 안에서 살아 있습니다. "이와 같이 너희도 너희 자신을 죄에 대하여는 죽은 자요 그리스도 예수 안에서 하나님께 대하여는 살아 있는 자로 여길지어다."(롬 6:11) 내 앞에 하나님이 살아 계십니다.

나는 날마다 믿음으로 주님의 얼굴을 봅니다.

셋째, 나는 징계를 받는 자 같으나 죽임을 당하지 않습니다. 죄로 인해 내가 받아야 할 모든 징계는 예수님이 십자가에서 다 받으셨습니다. "그가 징계를 받으므로 우리는 평화를 누리고."(사 53:5) 그렇습니다. 나는 더 이상 징계를 받지 않습니다. 단지 말씀으로 인한 고난을 받을 뿐입니다. 이 고난을 당함이 내게 유익합니다. "고난당한 것이 내게 유익이라. 이로 말미암아 내가 주의 율례들을 배우게 되었나이다."(시 119:71) 나는 말씀으로 인해 고난을 받을 때 낙심하며 뒤로 물러가지 않고 더욱더욱 기도하며 앞으로만 나아갑니다. 내 목숨을 양도하고 죽으면 죽으리라는 순교자의 믿음으로 계속 앞으로만 나아갑니다.

넷째, 근심하는 자 같으나 항상 기뻐합니다. 나는 무엇을 먹을까 무엇을 입을까 무엇을 마실까로 인해 근심하지 않습니다. 그런 것은 모두 이방인들이 하는 근심입니다.

나는 먼저 그의 나라와 그의 의를 구하기 위해 근심합니다. 이런 근심은 유익한 것입니다. 그래서 겉으로 보기에는 잠깐 근심하는 것 같으나 사실 항상 기뻐합니다.

인생이 먹고 사는 것이 전부라면 근심할 일이 없습니다. 하지만 온 천하에 다니며 만민에게 복음을 전하겠다는 꿈이 있기에 근심하며 기도하게 됩니다. 그리고 이 꿈도 내가 하는 것이 아닌 성령님이 다 하시는 것입니다.

나는 고백합니다. "성령님, 제가 하는 것이 아닙니다. 제 안에 성령님이 계시니까, 성령님이 다 하십니다."

항상 기뻐하라고 말한 바울도 마음에 큰 근심이 있다고 했습니다. "내가 그리스도 안에서 참말을 하고 거짓말을 아니하노라. 나에게 큰 근심이 있는 것과 마음에 그치지 않는 고통이 있는 것을 내 양심이 성령 안에서 나와 더불어 증언하노니 나의 형제 곧 골육의 친척을 위하여 내 자신이 저주를 받아 그리스도에게서 끊어질지라도 원하는 바로라. 그들은 이스라엘 사람이라. 그들에게는 양자 됨과 영광과 언약들과 율법을 세우신 것과 예배와 약속들이 있고 조상들도 그들의 것이요 육신으로 하면 그리스도가 그들에게서 나셨으니…… 의의 법을 따라간 이스라엘은 율법에 이르지 못하였으니 어찌 그러하냐? 이는 그들이 믿음을 의지하지 않고 행위를 의지함이라. 부딪칠 돌에 부딪

쳤느니라. 기록된 바 보라 내가 걸림돌과 거치는 바위를 시온에 두노니 그를 믿는 자는 부끄러움을 당하지 아니하리라 함과 같으니라."(롬 9:1~5) 하나님께 특별히 선택받은 이스라엘 백성들이 하나님께 많은 복을 받아 좋은 것은 다 가졌는데, 그걸 붙든다고 예수 그리스도를 믿지 않음으로 구원에 이르지 못했다는 것입니다. 안타까운 일입니다.

우리는 영혼 구원에 대한 근심을 가져야 합니다.

다섯째, 가난한 자 같으나 많은 사람을 부요케 합니다.

세상에서 물질적으로 부요하면 얼마나 부요하고 또 가난하면 얼마나 가난하겠습니까? 성령님이 보실 때는 다 도토리 키 재기입니다. 세상 사람들이 볼 때 "당신은 가난하다. 집도 없고 차도 없고 돈도 없다"고 하겠지만 성령님이 보실 때는 그렇지 않습니다. 최고이신 성령님을 모신 사람이 가장 부요한 사람입니다. 금 한 달란트는 현 시세로 20억쯤 합니다. 성령님은 한 달란트나 두 달란트, 열 달란트나 일만 달란트가 아닌 억만 달란트를 주고도 살 수 없는 귀한 분이시며, 보배 중에 보배이십니다.

바울은 자신이 어느 누구보다 부요하다고 말했습니다.

"우리가 이 보배를 질그릇에 가졌으니 이는 심히 큰 능력은 하나님께 있고 우리에게 있지 아니함을 알게 하려 함이라."(고후 4:7) 진실로 그렇지 않습니까? 심히 큰 능력을 가지신 분이 내 안에 계시니 나는 부요합니다.

여섯째, 아무 것도 없는 자 같으나 모든 것을 가진 자입니다. 인생은 다 빈손으로 왔다가 빈손으로 갑니다. 복음을 전하기 위해 시간과 비용을 사용하는 것이 지혜입니다.

복음을 전하기 위해 시간과 비용을 쓰면 아무 것도 없는 자 같이 보입니다. 하지만 모든 것을 가진 자입니다.

한 영혼이 천하보다 귀하다고 했습니다.

내가 이렇게 책을 쓰는 것도 한 영혼을 구원하기 위해서입니다. 내가 쓴 책을 읽고 한 영혼이라도 구원을 얻으면 이보다 감사한 일이 어디 있겠습니까?

누군가 이런 말을 했습니다.

"내가 죽고 난 후에 단 한 사람이라도 내 무덤에 찾아와서 이 사람이 전해 준 복음을 듣고 내 영혼이 구원을 얻었다고 말한다면 나는 최고의 삶을 산 것이다."

내가 쓴 책은 나의 분신이 되어 내가 죽고 난 후에도 남아 계속 전국과 세계를 다니며 복음을 전할 것입니다.

나도 다른 사람이 써낸 책을 읽고 많은 깨달음과 변화를 경험했습니다. 그런 내가 지금은 이렇게 책을 쓰는 위치에 있게 되었으니 최고이신 성령님의 은혜입니다.

돈은 있다가도 없고 없다가도 있습니다. 하나님은 하루

에 1억, 10억을 주십니다. 하나님이 돈을 주시는 이유는 잘 먹고 잘 사는 것에만 있지 않고 오직 복음을 전하라는 것입니다. 사람이 잘 먹으면 얼마나 잘 먹고 잘 살면 얼마나 잘 살겠습니까? 사람 사는 것이 다 똑같습니다.

한 목사님이 이런 말을 했습니다.

"나는 하루 한 끼 먹는다. 그리고 종일 말씀을 연구하고 기도한다. 어릴 때 병으로 죽어야 할 나를 예수님이 살리셨고 이렇게 80이 넘도록 주의 종으로 세계를 다니며 복음을 전하게 해주셨으니 이 얼마나 감사한가."

그분은 종일 말씀 연구와 기도에 푹 빠져 살기 때문에 밥 먹는 것을 잊고 산다며 아내에게도 말했습니다.

"식사 시간은 내가 알고 있으니 정확하게 맞춰 나오지 않으면 나를 부르려고 아이들을 보내지 마세요. 내가 식사 시간에 나타나지 않으면 말씀 연구와 기도에 푹 빠져 있는 줄로 아세요. 밥 먹는 것 때문에 중간에 끊을 수 없어요."

그때의 어린 아이들이 지금은 어른이 되어 주의 일을 하고 있습니다. 그들은 그때의 아버지의 모습을 회상하며 이렇게 말했습니다. "아침에 가도 아버지는 성경을 읽고 연구하고 있었고 점심때도 저녁때도 그랬어요. 그분은 늘 입술로 중얼거리며 끝도 없이 기도했고 또 말씀을 연구했어요. 내가 어릴 때 아빠랑 야구장에 갔는데 그때도 계속 중얼거리며 기도했어요. 아빠는 기도의 사람이었어요."

인생은 120세까지 삽니다. 이런 육체의 때를 영혼의 때로 바꾸어야 합니다. 어떻게요? 기도와 말씀에 힘쓰는 것입니다. 그리고 모든 방법으로 모든 사람에게 전도해야 합니다. 직접 만나서 전도하고 책으로도 전도해야 합니다.

"그러므로 모든 육체는 풀과 같고 그 모든 영광은 풀의 꽃과 같으니 풀은 마르고 꽃은 떨어지되 오직 주의 말씀은 세세토록 있도다 하였으니 너희에게 전한 복음이 곧 이 말씀이니라."(벧전 1:24~25)

조급한 마음을 버리라

성령님은 창조의 영이십니다.

"태초에 하나님이 천지를 창조하시니라."(창 1:1)

그분은 당신이 기도하고 구한 모든 것을 하루 만에 다 주실 수 있습니다. 그러므로 조급한 마음을 버리십시오.

나는 전에 자연을 보며 이렇게 생각했습니다.

'자연 만물, 모두 하나님이 만드셨지. 그래, 맞아. 꽃도 나무도 보기 좋아, 아름다워, 예쁘지.'

내가 너무 힘들 때 하나님은 그분이 만드신 자연을 보게 해주셨습니다. 너무 낙심되고 힘들 때 쭉쭉 뻗은 알로에 선인장을 보고 용기를 내게 해주셨습니다.

나는 화분 하나하나에 물과 거름을 준다고 오가면서 하나님과 친밀하게 얘기했습니다. 친구이신 나의 하나님은 모든 화초가 무럭무럭 잘 자라게 해주셨습니다.

성경은 인생도 이 같다고 말씀합니다. "인생은 그 날이 풀과 같으며 그 영화가 들의 꽃과 같도다."(시 103:15)

이 모든 것을 자라게 하시는 분은 하나님이십니다.

"그런즉 심는 이나 물 주는 이는 아무 것도 아니로되 오직 자라게 하시는 이는 하나님뿐이니라."(고전 3:7)

하나님은 지금도 모든 것이 자라도록 일하고 계신데 사람들의 마음이 조급해서 탈입니다. 조급한 자는 궁핍해진다고 성경은 말씀합니다. 조급함은 교만에서 나옵니다.

조급함을 물리치고 주의 영을 의지하십시오. 그러면 지식을 깨닫게 됩니다. "보라, 장차 한 왕이 공의로 통치할 것이요 방백들이 정의로 다스릴 것이며 또 그 사람은 광풍을 피하는 곳, 폭우를 가리는 곳 같을 것이며 마른 땅에 냇물 같을 것이며 곤비한 땅에 큰 바위 그늘 같으리니 보는 자의 눈이 감기지 아니할 것이요 듣는 자가 귀를 기울일 것이며 '조급한 자의 마음이 지식을 깨닫고' 어눌한 자의 혀가 민첩하여 말을 분명히 할 것이라."(사 32:1~4)

예수의 영이신 성령님은 조급하신 분이 아닙니다.

성령님을 주인으로 모시면 조급한 자의 마음이 지식을 깨닫게 됩니다. 조급함에 대해 어떻게 하면 될까요?

첫째, 조급하게 말하지 말아야 합니다.
"네가 말이 조급한 사람을 보느냐? 그보다 미련한 자에게 오히려 희망이 있느니라."(잠 29:20)

둘째, 조급하게 경영하지 말아야 합니다.
"부지런한 자의 경영은 풍부함에 이를 것이나 조급한 자는 궁핍함에 이를 따름이니라."(잠 21:5)

셋째, 조급하게 노하지 말아야 합니다.
"노하기를 더디 하는 자는 크게 명철하여도 마음이 조급한 자는 어리석음을 나타내느니라."(잠 14:29)

넷째, 성령님을 의지하면 조급함이 사라집니다.
"조급한 자의 마음이 지식을 깨닫고 어눌한 자의 혀가 민첩하여 말을 분명히 할 것이라."(사 32:4)

무엇이든 조급하지 말고 서서히 하세요. 그래도 됩니다. 일이 생기면 크게 생각하기 바랍니다. 그러면 쉽게 해결됩니다. 당신과 함께 계신 성령님은 크신 분입니다.

씨앗을 뿌리면 반드시 싹이 난다

당신은 하나님의 때를 잘 기다립니까?

나는 하나님의 때를 잘 기다립니다. 기다리는 것, 이것은 내 힘으로는 안 됩니다. 성령님께 도움을 구해야 합니다. "성령님, 하나님의 때를 잘 기다리게 해주세요."

성령님은 그분이 창조하신 자연을 보면서 내가 그분을 더 많이 알게 해주셨습니다. 그런데 요즘은 이 자연이 그렇게 좋을 수가 없어요. 하나님이 좋으니까 그분이 만드신 자연도 다 좋아요. 아침에 베란다에 나가면 말합니다.

"얘들아, 잘 잤니? 성령님, 예쁘죠?"

이렇게 화초를 보고 화분 하나하나마다 축복합니다.

예쁘게 잘 키워 달라고 성령님께 부탁합니다.

"하나님, 예뻐요. 너무 예뻐요."

감탄하며 베란다를 한 바퀴 돌고 옵니다.

너무 바쁠 때나 추울 때는 잊어버리고 제 멋대로 던져놓기도 합니다. 그러면 그만 얘들이 축 늘어지고 때로는 죽기도 한답니다. 그런데 3월만 되면 꼭꼭 숨어 있고 소리

없이 가만히 있던 화초가 다시 고개를 내밉니다.

얼마 전부터 생각하지도 않았는데 시퍼런 잎만 있던 군자란이 쏘옥 한 송이 올라와서 꽃을 피워 주었어요.

"하나님, 좋아요. 좋아요. 하나님의 솜씨네요. 하나님의 창조네요. 하나님이 하셨어요. 하나님이 하셨어요. 하나님 아버지, 억만 번이나 감사합니다."

지금은 아침마다 나가서 "성령님, 좋아요" 하면서 미소를 짓습니다. 한 송이, 한 송이, 여덟 송이나 피었네요.

남편도 "좋아, 좋아" 하면서 사진 찍어 아이들에게 보내라고 합니다. 둘이서 베란다에 왔다 갔다 하고 "예쁘다, 예쁘다" 하면서 입을 벙글벙글합니다. 재밌고 신나고 멋진 인생이죠. 내 안에 성령님이 계시니까 그렇게 되었습니다.

비싼 화초가 아니라도 오면서 가면서 하나하나씩 사오고 또 얻기도 합니다. 제대로 잘 키우지 못해도 화분에 심기만 하면 하나님이 저절로 쑥쑥 자라게 해주십니다.

잎은 잎대로 멋지고 꽃은 꽃대로 화려하고 열매는 열매대로 각각 다르게 열매 맺게 하십니다. 때로는 죽은 것처럼 바짝 마른 가지만 있고 아무것도 없는 것 같아도 봄이 되면 하나 둘 쏘옥 올라온답니다. 자고 깨고 하는 중에 저절로 잎도 되고 꽃도 피고 열매 맺게 해주십니다.

"또 이르시되 하나님의 나라는 사람이 씨를 땅에 뿌림

과 같으니 그가 밤낮 자고 깨고 하는 중에 씨가 나서 자라되 어떻게 그리 되는지를 알지 못하느니라. 땅이 스스로 열매를 맺되 처음에는 싹이요 다음에는 이삭이요 그 다음에는 이삭에 충실한 곡식이라. 열매가 익으면 곧 낫을 대나니 이는 추수 때가 이르렀음이라."(막 4:26~29)

이것이 하나님의 나라입니다.

당신의 인생도 하나님과 함께하면 저절로 잘됩니다.

예수님을 믿으세요. 예수님을 구주로 믿으면 성령으로 거듭나고 하나님의 자녀가 됩니다. 성령님과 황홀한 인생을 살게 됩니다. 예수님 때문에 천국 같이 살다가 천국 가게 됩니다. 지금 예수님을 믿으세요. 지금 믿으세요.

"또 이르시되 우리가 하나님의 나라를 어떻게 비교하며 또 무슨 비유로 나타낼까? 겨자씨 한 알과 같으니 땅에 심길 때에는 땅 위의 모든 씨보다 작은 것이로되 심긴 후에는 자라서 모든 풀보다 커지며 큰 가지를 내나니 공중의 새들이 그 그늘에 깃들일 만큼 되느니라."(막 4:30~32)

하나님이 이 땅에 겨자씨 한 알을 심으셨습니다.

바로 독생자 예수 그리스도입니다. "하나님이 세상을 이처럼 사랑하사 독생자를 주셨으니 이는 그를 믿는 자마다 멸망하지 않고 영생을 얻게 하려 하심이라."(요 3:16)

예수님을 믿으면 당신도 겨자씨처럼 쑥쑥 자라게 됩니

다. 죄와 목마름, 병과 가난, 어리석음과 징계와 죽음이 사라지고 의와 성령 충만, 건강과 부요, 지혜와 평화와 생명이 가득해집니다. 천국 같이 살다가 천국으로 가게 됩니다. 지금 예수님을 믿고 가까운 교회에 나가세요.

당신의 인생이 행복해집니다.

무에서 유를 창조하신 하나님

당신은 하나님이 어떤 분인 것 같습니까?

내가 믿는 하나님은 '무에서 유를 창조하신 하나님'이십니다. 태초에 하나님이 천지를 창조하셨습니다.

"태초에 하나님이 천지를 창조하시니라."(창 1:1)

내 인생을 만드신 창조의 하나님, 그분은 성령님의 능력으로 우주 만물과 나를 만드셨습니다.

"땅이 혼돈하고 공허하며 흑암이 깊음 위에 있고 하나님의 영은 수면 위에 운행하시니라."(창 1:2)

하나님은 자신이 만드신 것을 보고 좋았다고 하셨습니다. "하나님이 이르시되 빛이 있으라 하시니 빛이 있었고 빛이 하나님이 보시기에 좋았더라."(창 1:3~4)

이런 놀라우신 하나님을 아버지로 모시고 살아가니 말

할 수 없이 행복합니다. 아버지의 영이신 성령님이 내 안에 계십니다. 그래서 나는 외롭지 않습니다.

아침에 일어나면 성령님께 인사합니다.

"성령님, 안녕하세요? 오늘도 최고의 날, 행복한 날이 되게 해주셔서 감사합니다. 저를 복음의 통로, 축복의 통로로 사용해 주셔서 감사합니다. 성령님, 사랑합니다."

이렇게 성령님을 부르면 그분이 나로 하여금 가장 좋은 것을 구하고 찾고 두드리게 하십니다. 자꾸 자꾸 생각나게 하시고 가르쳐 주시고 말씀해 주시고 지혜를 주십니다.

'아, 억만 번이나 행복합니다.'

내가 왜 행복할까요? 최고이신 성령님이 내 안에 계시니까요. 그분 때문에 내 인생이 최고가 되었고 또 이렇게 〈최고이신 성령님을 만나라〉는 책도 써내게 되었습니다.

"성령님, 억만 번이나 감사합니다."

성령님과 동행하라

내 인생이 뭘까에 대한 답변

당신은 인생이 무엇인지 생각해보았습니까?

'내 인생이 뭘까? 뭘까?'라고 생각해보아야 합니다.

나는 이것이 너무 궁금해서 성령님께 물었습니다.

'성령님, 제 인생은 무엇인가요?'

그러자 성령님이 하나하나 가르쳐 주셨습니다.

어떻게 가르쳐 주셨을까요? 주의 말씀을 통해서입니다.

유명한 철학자나 교수를 통해서가 아닙니다.

내 인생은 무엇일까요?

첫째, 내 인생은 오직 성령님만이 아십니다.

아무리 대단한 학자라도 사람은 내 인생에 대해 모릅니다. 성령님은 나를 살펴보시고 나를 아십니다.

최고이신 성령님은 살펴보시는 분입니다. 무엇을 살펴보실까요? 강아지나 고양이, 코끼리나 개미가 아닙니다.

하나님의 자녀인 나를 살펴보십니다.

"여호와여, 주께서 나를 살펴보셨으므로 나를 아시나이다. 주께서 내가 앉고 일어섬을 아시고 멀리서도 나의 생각을 밝히 아시오며 나의 모든 길과 내가 눕는 것을 살펴보셨으므로 나의 모든 행위를 익히 아시오니 여호와여 내 혀의 말을 알지 못하시는 것이 하나도 없으시니이다."(시 139:1~4) 그분은 내 모든 것을 살펴보십니다.

나를 가장 잘 아시는 분은 부모나 자녀, 지인들이 아닌 오직 성령님이십니다. 성령님은 나를 잘 아십니다.

그분은 내가 앉고 일어섬을 아시고 멀리서도 나의 생각을 밝히 아십니다. 나의 모든 길과 내가 눕는 것을 아십니다. 나의 모든 행위를 익히 아십니다. 내 혀의 말을 알지 못하시는 것이 하나도 없으십니다.

남편과 아내, 부모와 자녀, 형제와 친구가 나를 몰라준다고요? 괜찮습니다. 그들이 알아주길 바라지 마세요.

사람들이 나를 몰라준다고 섭섭해 할 필요 없습니다.

주위 사람들에게 '나를 알아 달라'고 인정받기 위해 목맬 필요도 없습니다. 성령님이 나를 알아주시면 됩니다.

성령님은 내 모든 사정을 알고 계시며, 나의 신음 소리조차 알고 계십니다. 내가 눈 깜박이는 것도 다 아십니다.

그리고 그분은 말씀하십니다. "나는 너를 아는데, 너는 나를 아느냐? 여호와를 알라, 힘써 여호와를 알라."

당신은 마음을 어디에 두고 있습니까?

날마다 성령님을 더 많이 알기 위해 힘쓰기 바랍니다.

그분을 알아야 합니다. 그분의 앉고 일어섬을 알고 그분의 생각을 밝히 알아야 합니다. 그분의 모든 길과 그분의 눕는 것을 알아야 합니다. 그분의 모든 행위를 익히 알아야 합니다. 그분의 혀의 말을 알지 못하는 것이 하나도 없어야 합니다. 다윗은 그런 삶을 살았습니다.

우리도 그런 삶을 살아야 합니다.

"성령님이 나를 아시는 것처럼 나도 성령님을 알자."

그런 마음을 갖고 늘 성경을 연구하고 기도합시다.

성령님 곧 하나님을 알아 가는 것, 이것보다 귀한 지식은 없습니다. 이것보다 귀한 재산은 없습니다. 성령님은 알면 알수록 놀라운 분이며 보배로운 분이십니다.

"존귀하신 성령님, 사랑합니다."

둘째, 내 인생은 성령으로 기름 부으심을 받았습니다.

"주께서 나의 앞뒤를 둘러싸시고 내게 안수하셨나이다. 이 지식이 내게 너무 기이하니 높아서 내가 능히 미치지 못하나이다"(시 139:5)라고 다윗은 고백했습니다.

그는 이 깨달음이 너무 놀랍고 너무 높아서 감히 측량조차 할 수 없다고 했습니다. 당신은 성령님을 만났습니까? 그분은 당신의 앞뒤를 둘러싸시고 당신에게 안수하신 분입니다. 성령님께 안수 받았다면 무엇이 더 필요하겠습니까? 많은 사람들이 이것의 가치를 모릅니다.

"주께서 나의 앞뒤를 둘러싸시고 내게 안수하셨다"는 것은 박사 학위 100개보다 낫고 빌딩 100채보다 나은 것입니다. 여기에 최고의 가치가 있습니다. 성령님의 기름 부으심이 당신과 내 안에 강물처럼 흐르고 있습니다.

요한일서 2장 27절에 "너희는 주께 받은 바 기름 부음이 너희 안에 거하나니"라고 했습니다. 그리스도 안에 있는 사람은 모두 주님께 기름 부으심을 받았습니다.

성령님은 내 안에 가득히 들어와 계시고 나를 덮고 계십니다. 예수님은 "진리의 성령이 오시면 너희 속에 거하실 것이요 너희와 함께 할 것이다"라고 하셨습니다.

서울대, 하버드대, 동경대 등에서 공부를 잘해서 천재라 불리는 사람들이 있지만 그 어떤 학자도 진리이신 성령님과 견줄 수 없습니다. 진리의 성령님이 최고이십니다.

성령님은 하나님의 말씀을 깨닫게 하시며 진리 가운데로 인도하십니다. 세상에서 아무리 똑똑해도 성령님이 아니고는 하나님을 알 수 없고 성경도 깨달을 수 없습니다.

성령님이 아니면 노인과 학자라도 예수를 구주로 믿을 수 없고 지옥 같이 살다가 지옥으로 가게 됩니다. 하지만 성령님이 도우시면 어린 아이처럼 단순해도 예수를 구주로 믿고 천국 같이 살다가 천국으로 가게 됩니다.

성령님은 내가 구원받도록 도우셨습니다.

"성령님, 성령님, 성령님."

중얼거리며 부르기만 해도 행복해지는 이름입니다.

하루 종일 불러도 늘 새롭고 좋은 이름입니다.

성령님의 기름 부으심이 나를 덮고 있습니다.

셋째, 성령님 앞에서 존귀한 인생이 되었습니다.

성령님과 나는 떼려야 뗄 수 없는 절친 관계입니다.

다윗은 주님의 얼굴을 말했습니다. "내가 주의 영을 떠나 어디로 가며 주의 앞에서 어디로 피하리이까? 내가 하늘에 올라갈지라도 거기 계시며 스올에 내 자리를 펼지라도 거기 계시니이다. 내가 새벽 날개를 치며 바다 끝에 가서 거주할지라도 거기서도 주의 손이 나를 인도하시며 주의 오른손이 나를 붙드시리이다.”(시 139:7~10)

"주의 앞에서”라는 말은 '주님의 얼굴을 앞에서'라는 뜻입니다. “주님의 얼굴이 항상 내 앞에 있다”는 말입니다.

어떤 사람은 이 말씀을 정죄와 심판의 의미로 받아들입니다. 하지만 이 말씀은 “주님께서 내 모든 생각과 행위를 살펴서 나를 심판하신다”는 뜻이 아닙니다. “그리스도 예수 안에 있는 자에게는 결코 정죄함이 없다”고 했습니다.

우리가 받아야 할 정죄는 예수님이 십자가에서 다 받으셨습니다. 그러므로 우리는 더 이상 정죄 받지 않습니다.

하나님이 화가 나 있다고 생각하지 않습니까?

하나님은 우리에게 화가 나 있는 분이 아닙니다.

그분의 진노가 구약 시대에는 황소와 송아지와 염소의 피를 통해 잠시 가라앉았습니다. 하지만 진노가 완전히 사라진 것이 아니었습니다. 그 후에 하나님의 어린 양 예수 그리스도가 이 땅에 와서 십자가에 매달려 피 흘려 죽으시는 순간 달라졌습니다. 하나님의 진노는 완전히 사라졌습니다. '영원한 언약의 피'인 예수의 피가 단번에 하나님의 모든 진노를 사라지게 했습니다. 그가 징계를 받음으로 우리는 하나님과 평화를 누리게 되었습니다.(사 53:5)

"주의 손이 나를 인도하시며 주의 오른손이 나를 붙드시리이다"(시 139:10)라고 했습니다. 그렇습니다. 지금은 주님의 얼굴이 내 앞에 있는 이유가 나를 정죄하고 심판하기 위해서가 아닌 나를 힘 있게 붙들어주기 위함입니다.

다윗은 주님의 영이신 성령님의 온 마음이 자기에게 있다고 고백한 것입니다. "내가 주님의 영을 피해서 어디로 가며, 주님의 얼굴을 피해서 어디로 도망치겠습니까? 내가 하늘로 올라가더라도 주님께서는 거기에 계시고 스올에다 자리를 펴더라도 주님은 거기에도 계십니다. 내가 저 동녘 너머로 날아가거나 바다 끝 서쪽으로 가서 거기에 머무를지라도 거기에서도 주님의 손이 나를 인도하여 주시고 주님의 오른손이 나를 힘 있게 붙들어 주십니다."

내가 어디를 가든지 성령님의 얼굴을 피할 수 없습니다. 그분의 온 마음이 내게 있기 때문입니다. 그분은 마음을 다하고 목숨을 다하고 힘을 다하고 뜻을 다해 나를 사랑하시는 분입니다. 나도 그렇게 그분을 사랑합니다.

이처럼 최고이신 성령님이 나를 인도하시고 붙들어 주시니 얼마나 든든합니까? 세상 그 어떤 사람도 하지 못하는 일입니다. 내 인생은 한 마디로 '든든한 인생'입니다.

넷째, 내 인생은 빛이 가득한 밝은 인생입니다.

다윗은 말하길 "내가 혹시 말하기를 흑암이 반드시 나를 덮고 나를 두른 빛은 밤이 되리라 할지라도 주에게서는 흑암이 숨기지 못하며 밤이 낮과 같이 비추이나니 주에게는 흑암과 빛이 같음이니이다"(시 139:11~12)라고 했습니다. 인생을 살다 보면 어둠이 달려들어 나를 비추던 빛이 밤처럼 될 때도 있습니다. 하지만 성령님 앞에서는 어둠도 어둠이 아니며 밤도 대낮처럼 환하게 밝습니다.

성령님 앞에서는 어둠과 빛이 다 같습니다.

성령님은 빛이십니다. 태양보다 억만 배나 더 큰 빛이신 성령님이 내 안에 가득히 들어와 계십니다.

바울은 다메섹 길에서 빛이신 예수님을 만났습니다.

아나니아라는 제자가 보지 못하는 바울에게 안수하는 순간 그의 눈이 떠졌고 성령으로 충만케 되었습니다. 그는 이방의 빛이 되어 다메섹으로부터 시작해 예루살렘과 온 유대와 사마리아와 땅 끝까지 복음을 전하게 되었습니다.

어떤 복음일까요? '빛이신 예수님에 대한 복음'입니다.

그리고 바울은 '영으로 오신 예수 그리스도 복음'을 전했습니다. 그는 말하길 "그러므로 우리가 이제부터는 아무 사람도 육체대로 알지 아니하노라. 비록 우리가 그리스도도 육체대로 알았으나 이제부터는 이같이 알지 아니하노라"(고후 5:16)고 했습니다.

2,000년 전에 세상 죄를 지고 가는 하나님의 어린 양으로 인간의 몸을 입고 이 땅에 오신 예수 그리스도는 십자가에서 "다 이루었다"(요 19:30)고 외치며 죽으신 후에 부활 승천하셨고 이 땅에 계시지 않습니다. 그분은 다른 보혜사를 보내셨습니다. 근심하는 제자들에게 "내가 갔다 다시 온다. 너희는 다시 나를 보게 될 것이다. 내가 너희를 고아와 같이 버려두지 않겠다"고 하셨습니다.

그분이 누구입니까? 성령님이십니다.

성령님은 예수 그리스도의 영이십니다. 성령님은 빛이십니다. 태양보다 더 큰 빛이십니다. 태양을 만드신 분입니다. 그런 분이 지금 우리 안에 거하시게 된 것입니다.

그로 인해 우리는 빛이 가득한 인생이 되었습니다.

나를 따라 이렇게 말해 보십시오.

"내 안에 빛이 가득하다."

빛이 가득한 인생의 특징은 무엇일까요? 기쁨입니다.

예수님은 성령으로 기뻐하신 분입니다. 그리고 성령님이 오시면 기쁨이 가득해질 것이라고 하셨습니다. "내가 이것을 너희에게 이름은 내 기쁨이 너희 안에 있어 너희 기쁨을 충만하게 하려 함이라."(요 15:11)

당신의 인생이 밤과 같이 어둡습니까? 눈에 보이는 것은 모두 허상입니다. 실상은 빛이 가득하며 빛 가운데로 걷고 있습니다. 빛이신 성령님이 당신 안에 가득히 계시기 때문입니다. 주님 앞에서는 어둠이 어둠이 아닙니다. 밤도 대낮처럼 밝습니다. 주님 앞에서는 어둠과 빛이 다 같습니다. 그러므로 지금 당신의 인생은 대낮의 빛입니다.

다섯째, 내 인생은 최고이신 성령님이 만드신 최고의 작품입니다. 다윗은 최고이신 성령님이 자기를 만들었다고 고백했습니다. "주께서 내 내장을 지으시며 나의 모태에서 나를 만드셨나이다. 내가 주께 감사하옴은 나를 지으심이 심히 기묘하심이라. 주께서 하시는 일이 기이함을 내 영혼이 잘 아나이다. 내가 은밀한 데서 지음을 받고 땅의 깊은 곳에서 기이하게 지음을 받은 때에 나의 형체가 주의 앞에 숨겨지지 못하였나이다. 내 형질이 이루어지기 전에 주의 눈이 보셨으며 나를 위하여 정한 날이 하루도 되기 전에 주의 책에 다 기록이 되었나이다."(시 139:13~16)
성령님은 최고의 실력자이자 예술가이십니다.
성령님께서 내 장기를 창조하셨습니다. 성령님께서 내 모태에서 나를 짜 맞추셨습니다. 놀랍지 않습니까?
우리는 다윗처럼 감사의 기도를 드려야 합니다.
"사랑하는 성령님, 제가 이렇게 빚어진 것이 오묘하고 성령님께서 하신 일이 놀라워 이 모든 일로 제가 성령님께 감사를 드립니다. 제 영혼은 이 사실을 너무도 잘 압니다. 성령님께서 은밀한 곳에서 저를 지으셨고 땅 속 깊은 곳 같은 저 모태에서 저를 조립하셨으니 제 뼈 하나하나도 성령님 앞에서는 숨길 수 없습니다. 저의 형질이 갖추어지기도 전부터 성령님께서는 저를 보고 계셨습니다. 저에게 정하여진 날들이 아직 시작되기도 전에 이미 성령님의 책에다 기록되었습니다. 성령님은 최고이십니다."

인간의 몸은 원숭이에서 진화된 것이 아닙니다.

지구도 우주의 폭발을 통해 저절로 생긴 것이 아닙니다. 하나님이 천지를 창조하셨고 사람을 만드셨습니다.

당신의 몸도 성령님이 모태에서 만드셨습니다.

모든 동물은 영혼이 없지만 사람은 영혼이 있습니다. 사람은 영원히 사는 존재입니다. 예수를 믿으면 영원한 생명을 얻고 예수를 믿지 않으면 영원한 사망에 거합니다.

예수님이 말씀하셨습니다. "아들을 믿는 자에게는 영생이 있고 아들에게 순종하지 아니하는 자는 영생을 보지 못하고 도리어 하나님의 진노가 그 위에 머물러 있느니라." (요 3:36) 아들을 믿지 않는 것은 아버지를 믿지 않는 것이며 그로 인해 자기 스스로 하나님의 진노와 형벌, 마귀와 사망의 세력 가운데 거하게 되는 것입니다.

그리스도 안에 있는 당신은 영원한 생명을 얻었고 당신

의 인생에 대해 모두 주님의 책에 기록되어 있습니다.

여섯째, 내 인생은 성령님이 생각하시는 인생입니다.

다윗은 말했습니다. "하나님이여, 주의 생각이 내게 어찌 그리 보배로우신지요. 그 수가 어찌 그리 많은지요. 내가 세려고 할지라도 그 수가 모래보다 많도소이다. 내가 깰 때에도 여전히 주와 함께 있나이다."(시 139:17~18)

이처럼 당신에 대해 많이 생각하는 분은 어디에도 없습니다. 성령님은 온통 당신 생각에만 푹 빠져 있습니다.

당신도 그분에 대한 생각에 푹 빠져 살아야 합니다.

성령님은 종일 당신만 생각하십니다. 왜 그럴까요?

당신을 많이 사랑하기 때문입니다.

당신은 무엇을 가장 많이 생각합니까?

하루를 살면서 돈, 명예, 권세, 학벌, 건물, 숫자, 부모자녀, 친구 등에 대해 생각이 많을 겁니다. 과거와 현재와 미래에 대해서도 생각이 많을 겁니다. 그런 것을 모두 성령님께 양도하십시오. 그리고 성령님을 생각하십시오.

눈 뜨고 입만 열면 "돈, 건물, 땅, 공부, 친구, 부모, 자녀" 하지 말고 성령님을 찾으십시오. "성령님, 성령님" 하며 최고이신 성령님을 구하고 찾고 두드리십시오.

성령님이 종일 당신을 생각하시는 것처럼 당신도 종일

성령님을 생각하십시오. 당신은 성령님의 애인입니다.

날마다 성령님께 사랑을 고백하기 바랍니다.

"나의 힘이신 여호와여, 내가 주를 사랑하나이다. 여호와는 나의 반석이시요 나의 요새시요 나를 건지시는 이시요 나의 하나님이시요 내가 그 안에 피할 나의 바위시요 나의 방패시요 나의 구원의 뿔이시요 나의 산성이시로다. 내가 찬송 받으실 여호와께 아뢰리니 내 원수들에게서 구원을 얻으리로다."(시 18:1~3)

성령님은 하나님이시다

당신은 창조적인 인생을 살고 있습니까?

나는 성령님과 함께 매일 창조적인 인생을 살고 있습니다. '오늘'은 어제 없던 날입니다. 인생은 매일이 창조의 연속입니다. 내가 이 땅에 태어난 것도 그렇습니다.

원래 내 인생은 없었습니다. 창조주 하나님의 작품이죠. 하나님이 계획하셔서 없던 나를 만드셨고 부모님을 통해 이 땅에 태어나게 하셨습니다. 그것만 아닙니다. 형제자매, 남편과 아이들, 세상 모든 사람을 창조하셨습니다.

하나님이 무에서 유를 만드셨네요. 당신도 너무나도 소

중하고 존귀합니다. 하나님의 귀한 창조물이니까요.

아내가 가정에서 음식 하나 만들고 남편이 물건 하나 만드는 것도 놀라운데, 성령님이 나를 만드셨으니 이 얼마나 놀라운 일입니까? 당신과 나는 너무나도 귀한 성령님의 작품이고 최고이신 하나님의 창조물입니다.

무에서 유가 만들어졌으니까요.

전기도 하나님이 만드셨습니다. 사람은 그것을 발견한 것뿐입니다. 하나님은 그분의 형상을 닮은 사람에게 창조적인 생각과 재능을 주셨습니다. 그래서 사람들이 전화와 텔레비전, 자동차와 비행기도 만들게 되었습니다.

하나님이 사람에게 창조적인 지혜를 주시지 않았다면 어떻게 되었을까요? 어둠 가운데 거했을 것입니다. 지금 우리가 매일 먹고 입는 모든 것이 하나님의 지혜로 된 것입니다. 하나님은 사람을 통해 많은 것을 만들게 해주셨고 그런 것을 누리며 행복하게 살라고 하셨습니다. 그리고 모든 일에 하나님 이름을 높이라고 하셨습니다.

하나님은 성령으로 지금 우리 가운데 거하십니다.

성령님은 어떤 분일까요? 성경은 말씀합니다.

"기록된 바 내가 너를 많은 민족의 조상으로 세웠다 하심과 같으니 그가 믿은 바 하나님은 죽은 자를 살리시며 없는 것을 있는 것으로 부르시는 이시니라."(롬 4:17)

첫째, 성령님은 가장 연약한 자를 불러내어 귀한 그릇으로 쓰시는 분입니다. 하나님이 아브라함을 불러 "내가 너를 많은 민족의 조상으로 세웠다"고 하셨을 때 그것은 그 당시 수많은 사람들 중에서 그가 가장 똑똑하고 뛰어난 인물이었기 때문에 그렇게 하신 것이 아닙니다. 하나님의 부르심은 세상 기준과 다릅니다. 그분은 세상에서 가장 약한 자를 들어 강한 자를 부끄럽게 하시는 분입니다.

하나님이 누군가를 들어 쓰고 계십니까?

'저 사람은 똑똑하고 잘생기고 배경이 좋아.'

아닙니다. 그래서 하나님이 그 사람을 쓰시는 것이 결코 아닙니다. 그 사람이 가장 연약하기 때문에 들어 쓰시는 것입니다. 고린도전서 1장 26~29절에 말씀합니다.

"형제들아, 너희를 부르심을 보라. 육체를 따라 지혜로운 자가 많지 아니하며 능한 자가 많지 아니하며 문벌 좋은 자가 많지 아니하도다. 그러나 하나님께서 세상의 미련한 것들을 택하사 지혜 있는 자들을 부끄럽게 하려 하시고 세상의 약한 것들을 택하사 강한 것들을 부끄럽게 하려 하시며 하나님께서 세상의 천한 것들과 멸시 받는 것들과 없는 것들을 택하사 있는 것들을 폐하려 하시나니 이는 아무 육체도 하나님 앞에서 자랑하지 못하게 하려 하심이라."

내가 이렇게 책을 써내게 된 것도 내가 똑똑하고 잘 나서가 아닙니다. 나는 다른 모든 사람보다 약하고 미련한데 성령님이 그런 나를 선택해서 일하시는 것뿐입니다.

둘째, 성령님은 죽은 자를 살리시는 분입니다.

"하나님은 죽은 자를 살리시며."(롬 4:17)

당신의 인생에는 무엇이 죽었다고 생각합니까? 희망을 가지십시오. 성령님은 죽은 것을 살리십니다. 성경에는 죽은 자가 살아난 사건이 여러 번 기록되어 있습니다.

예수님은 죽은 자를 살리셨습니다. 죽은 나사로가 예수님의 음성을 듣고 살아났고 회당장 야이로의 딸이 죽었다가 예수님이 안수하시므로 살아났습니다. 예수님이 십자가에 못 박혀 죽으실 때 많은 사람들의 무덤이 열리고 자던 성도의 몸이 많이 일어났습니다. "예수께서 다시 크게 소리 지르시고 영혼이 떠나시니라. 이에 성소 휘장이 위로부터 아래까지 찢어져 둘이 되고 땅이 진동하며 바위가 터지고 무덤들이 열리며 자던 성도의 몸이 많이 일어나되 예수의 부활 후에 그들이 무덤에서 나와서 거룩한 성에 들어가 많은 사람에게 보이니라."(마 27:50~53)

예수님도 죽은 지 사흘 만에 살아나셨습니다. 예수의 영이신 성령님은 죽은 자를 살리는 권능을 가지신 분입니다. 그러므로 '이젠 다 끝났다'며 낙심하지 말고 기적을 기대하십시오. 성령님이 기적을 행하실 것입니다.

셋째, 성령님은 없는 것을 있는 것처럼 불러내시는 분입니다. "없는 것을 있는 것으로 부르시는 이."(롬 4:17)

당신에게 어떤 것이 없다고 원망하거나 낙심하지 말고 창조주 하나님께 무엇이든지 구하십시오. 그러면 그분은 없는 것을 있는 것처럼 불러내어 주십니다.

지혜가 없습니까? 돈이 없습니까? 자식이 없습니까? 하나님께 구하면 다 주십니다. 성령님은 없는 것을 있는 것처럼 불러내어 당신에게 안겨 주기 위해 일하십니다.

나도 이 땅에 태어날 때 아무것도 없었습니다.

성령님이 무에서 유를 만들어 안겨 주셨습니다.

내가 그동안 누린 모든 것은 성령님이 주신 것입니다.

때로 내가 뭘 제대로 하지 못한 것 같고 뭐라도 해야 할 것 같았습니다. 다른 사람들이 더 대단해 보였습니다. 그래서 나는 성령님께 말을 걸고 이것저것 물었습니다.

"성령님, 저는 세상에서 특별하게 잘하는 것이 없는 것 같아요. 그동안 다른 사람이 주는 것을 받아서 먹고 입고 쓰기만 했네요. 성령님, 난 어떡해요? 무얼 해야 될까요?"

그러자 하나님이 다른 것은 못해도 괜찮고 안 해도 괜찮으니 오직 영혼을 살리라고 하시며 나로 하여금 이렇게 책을 쓰게 해주셨습니다. 성령님은 아무것도 없는 백지에 글을 쓰므로 무에서 유를 만들게 해주셨습니다.

나는 놀라며 감사의 기도를 드립니다.

"성령님, 성령님이 좋아요. 너무 좋아요. 억만 번이나 감사합니다. 이렇게 책을 쓰게 해주셔서 감사합니다."

성령님은 정말 최고이십니다. 전에 없던 오늘도 창조하여 주시고 또 오늘 속에 내가 살아가게 하셨습니다. 그리고 내 인생이 날마다 그분의 손길에 설레게 하셨습니다.

'또 어떤 것으로 무에서 유를 만들어 가게 하실까?'

오늘도 많이 궁금하고 기대가 됩니다.

"무에서 유를 창조하신 하나님 아버지, 억만 번이나 감사하고 감사합니다. 아버지가 최고입니다."

인생은 이렇게 쉽고 재밌고 멋지네요.

"성령님, 감사합니다. 제 인생이 황홀하고 찬란하고 눈부신 인생이 되게 해주셔서 감사합니다. 무에서 유로 창조적인 인생을 누리며 살게 해주셔서 감사합니다. 성령님, 오늘도 내일도 억만 번이나 기대하고 사모합니다."

당신도 이 놀랍고 희한한 인생을 살고 싶지 않습니까?

예수님, 하나님을 부르면 됩니다. 그러면 성령으로 거듭나 하나님의 자녀가 되게 하십니다. 당장 예수님을 믿고 어둠의 자식이 아닌 빛의 자녀로 사세요. 최고입니다.

지금 예수님을 믿으세요. 믿기만 하면 됩니다.

그러면 성령님께서 당신의 인생을 가장 행복하고 빛나는 인생으로 복음의 인생으로 살게 해주십니다.

하나님은 당신을 억만 번이나 사랑하십니다.

좋은 습관을 만들어라

당신은 어떤 습관이 있습니까?

나는 성령님과 함께 날마다 좋은 습관을 하나씩 만들며 살고 있습니다. 하루하루 좋은 습관이 쌓여서 좋은 인생이 됩니다. 좋은 습관을 만들어야 하나님이 기뻐하시는 영적인 삶을 살게 됩니다. 좋은 습관은 복중의 복입니다.

성경에도 좋은 습관을 만들라고 말씀합니다.

성령님, 좋은 습관을 가지게 해주세요

어떤 습관들이 있을까요?

첫째, 예수님은 습관을 따라 감람산에 가셨습니다.
누가복음 22장 39절에 보면 자세히 나옵니다.
"예수께서 나가사 '습관을 따라' 감람산에 가시매."
왜 감람산에 가셨습니까? 먹고 마시고 놀고 잠자러 간
것이 아닙니다. 기도하러 가셨습니다. "제자들도 따라갔더
니 그 곳에 이르러 그들에게 이르시되 유혹에 빠지지 않게
기도하라 하시고 그들을 떠나 돌 던질 만큼 가서 무릎을
꿇고 기도하여 이르시되 아버지여 만일 아버지의 뜻이거
든 이 잔을 내게서 옮기시옵소서 그러나 내 원대로 마시옵
고 아버지의 원대로 되기를 원하나이다 하시니 천사가 하
늘로부터 예수께 나타나 힘을 더하더라."(눅 22:39~43)
오늘날 많은 사람들이 먹고 마시고 자고 놀고 운동하고
여행하기 위해서는 어디든 갑니다. 그것도 한두 번이 아니
라 습관을 따라 갑니다. 그런데 기도는 그렇게 하지 않습
니다. 그러면서 '왜 내게는 하나님의 능력이 안 나타날
까?'라며 고민합니다. 예수님은 평생 기도하며 사셨습니
다. 요단강에서 세례를 받고 성령이 비둘기처럼 임하신 후
부터는 끊임없이 기도하셨고 오래 기도하셨습니다.
우리도 기도해야 합니다. 습관을 좇아 한적한 곳에 가

서 오래 기도해야 합니다. 기도할 때 성령의 나타남이 있게 됩니다. 기도하지 않는 사람은 교만한 사람입니다. '나는 공부도 많이 하고 똑똑한 사람인데, 뭐 하러 기도해?'라고 생각하기 때문에 기도하지 않는 것입니다. 그런 교만을 버려야 합니다. "스스로 지혜롭게 여기지 말지어다. 여호와를 경외하며 악을 떠날지어다."(잠 3:7)

한량없는 성령을 받으신 예수님이 습관을 좇아 기도하셨다면 우리는 더욱 기도에 힘써야 합니다. 기도하는 습관을 만들게 해 달라고 성령님께 도움을 구하십시오.

"성령님, 오늘도 기도하는 습관을 만들게 해주세요."

둘째, 모이기를 힘쓰는 습관을 가져야 합니다.

히브리서 10장 25절에 "모이기를 폐하는 어떤 사람들의 습관과 같이 하지 말고 오직 권하여 그 날이 가까움을 볼수록 더욱 그리하자"고 했습니다. 모이기를 폐하는 것도 습관입니다. 하나를 폐하면 둘을 폐하게 되고 나중에는 다 폐하게 됩니다. 초대교회는 날마다 성전에 모이기를 힘썼다고 했습니다. 예수님은 "두세 사람이 내 이름으로 모인 그곳에는 나도 그들 중에 있다"고 하셨습니다. 예수님은 모이는 것을 좋아하십니다. 물론 사람의 이름으로 모여 잔치하는 것이 아닌 예수 이름으로 모여 기도해야 합니다.

그들은 날마다 마음을 같이하여 성전에 모이기를 힘쓰고(행 2:46) 오로지 기도하기를 힘썼습니다.(행 2:42)

또한 그들은 습관을 좇아 성전에 있든지 집에 있든지 '예수는 그리스도'라고 가르쳤습니다. "그들이 날마다 성전에 있든지 집에 있든지 예수는 그리스도라고 가르치기와 전도하기를 그치지 아니하니라."(행 5:42)

그들은 다른 것을 가르치며 전하지 않았습니다.

셋째, 성령님의 목소리를 듣고 순종하는 습관을 가져야 합니다. "네가 평안할 때에 내가 네게 말하였으나 네 말이 나는 듣지 아니하리라 하였나니 네가 어려서부터 내 목소리를 청종하지 아니함이 네 습관이라."(렘 22:21) 성령님의 목소리를 듣지 않고 불순종하는 것은 나쁜 습관이고 성령님의 목소리를 듣고 순종하는 것은 좋은 습관입니다.

평안할 때도 성령님의 목소리를 청종하고 불안할 때도 성령님의 목소리를 청종해야 합니다. 사울 왕은 불안할 때 성령님의 목소리를 청종하지 않고 자기 멋대로 했습니다. 그로 인해 왕의 자리에서 버림받았습니다. 하지만 주의 종 다윗은 달랐습니다. 그는 평안할 때나 불안할 때나 늘 성령님께 묻고 그분의 목소리를 청종했습니다.

당신은 어떻습니까? 무엇 때문에 고민합니까?

성령님께는 열방이 통의 한 방울 물과 같고 저울의 작은 티끌 같습니다. 그분이 말씀하시면 모든 것을 버려두고 좇아가야 합니다. 엘리사는 모든 것을 버려두고 엘리야를 좇았으며 예수님의 제자들도 모든 것을 버려두고 예수님을 좇았습니다. 이것이 청종하는 것입니다.

성령님은 내게 책을 쓰라고 하셨습니다. 나는 성령님의 목소리를 청종하여 책을 쓰기 시작했습니다.

'제가 꼭 책을 써야 하나요?'라고 물었을 때 주님은 그렇다고 하셨습니다. 나는 아무것도 모르는 어린아이 같은데 그런 내게 성령님께서는 책에 쓸 내용을 떠올려 주셨습니다. 성령님은 어린 아이와 젖먹이의 입술로 권능을 세우시는 분입니다. "주의 대적으로 말미암아 어린 아이들과 젖먹이들의 입으로 권능을 세우심이여."(시 8:2)

넷째, 나쁜 습관을 회개하고 바꿔야 합니다.

불량한 습관, 여호와를 알지 않는 습관, 교회 안에서 잘못된 행동을 하는 습관 등이 있으면 모두 회개하고 성령님께 도움을 구하므로 좋은 습관으로 바꿔야 합니다.

"엘리의 아들들은 불량자라. 여호와를 알지 아니하더라. 그 제사장들이 백성에게 행하는 '습관'은 이러하니 곧 아무 사람이 제사를 드리고 그 고기를 삶을 때에 제사장의

사환이 손에 세살 갈고리를 가지고 와서 그것으로 남비에
나 솥에나 큰 솥에나 가마에 찔러 넣어서 갈고리에 걸려
나오는 것은 제사장이 자기 것으로 취하되 실로에서 무릇
그곳에 온 이스라엘 사람에게 이같이 할뿐 아니라 기름을
태우기 전에도 제사장의 사환이 와서 제사 드리는 사람에
게 이르기를 제사장에게 구워 드릴 고기를 내라 그가 네게
삶은 고기를 원치 아니하고 날것을 원하신다 하다가 그 사
람이 이르기를 반드시 먼저 기름을 태운 후에 네 마음에
원하는 대로 취하라 하면 그가 말하기를 아니라 지금 내게
내라 그렇지 아니하면 내가 억지로 빼앗으리라 하였으니
이 소년들의 죄가 여호와 앞에 심히 큼은 그들이 여호와의
제사를 멸시함이었더라. 사무엘이 어렸을 때에 세마포 에
봇을 입고 여호와 앞에 섬겼더라."(삼상 2:12~18)

엘리 제사장의 두 아들은 나쁜 습관을 가졌고 사무엘은
좋은 습관을 가졌습니다. 당신은 어떤 습관이 있습니까?

습관을 바꾸십시오. 나쁜 습관을 버리고 좋은 습관을
가지는 것은 내 힘으로 안 되지만 성령님께 도움을 구하면
쉽습니다. 매일 아침 이렇게 말씀드리십시오.

"성령님, 제가 이런 행동을 하는 나쁜 습관을 버리고 좋
은 습관을 갖게 해주세요. 부탁합니다."

다섯째, 우상에 대한 나쁜 습관을 버려야 합니다.

고린도 교인들은 우상에 대한 습관이 있었습니다.

"그러나 이 지식은 모든 사람에게 있는 것은 아니므로 어떤 이들은 지금까지 우상에 대한 습관이 있어 우상의 제물로 알고 먹는 고로 그들의 양심이 약하여지고 더러워지느니라."(고전 8:7) 우상에게 절하는 것도 나쁘지만 우상의 제물을 알고 먹는 것도 나쁜 것입니다. 모르고 먹는 것은 어쩔 수 없습니다. 하지만 고린도 교인들은 나쁜 습관을 버리지 못하고 우상의 제물인 줄 알면서도 습관적으로 먹었습니다. 우상의 제물만 아니라 성경에서 먹지 말라고 하나님이 금하신 음식들은 먹지 말아야 합니다. 그런 더러운 것을 습관을 좇아 먹기 때문에 병에 걸리는 것입니다.

깨끗한 것만 먹어도 넘칩니다.

여섯째, 술 마시는 습관을 버려야 합니다.

"여호와께서 이와 같이 말씀하시니라. 보라, 술잔을 마시는 습관이 없는 자도 반드시 마시겠거든 네가 형벌을 온전히 면하겠느냐? 면하지 못하리니 너는 반드시 마시리라."(렘 49:12) 술잔을 마시는 것도 습관입니다. 부모가 술잔을 마시면 자녀도 그걸 보면서 따라 합니다. 친구가 술잔을 마시면 옆에 있는 친구도 그걸 보면서 따라 합니다. 그러므로 그런 나쁜 습관은 고쳐야 합니다.

많은 그리스도인들이 "맥주 한 잔은 괜찮아"라고 말하면서 모일 때마다 습관을 좇아 마십니다. 맥주를 마셔도 음주 측정하면 나옵니다. 혈중 알코올 농도가 0.08퍼센트 이상이면 면허 취소 처분을 받고 0.03퍼센트 이상이면 형사 처분을 받을 수 있는데 맥주는 그걸 충분히 넘습니다.

성경은 포도주와 독주를 보지도 말라고 했습니다.

사사기 13장 4절에는 "너는 삼가 포도주와 독주를 마시지 말며 어떤 부정한 것도 먹지 말지니라"고 했습니다.

잠언에는 술 마시는 자에게 재앙이 있다고 했습니다.

"재앙이 뉘게 있느뇨? 근심이 뉘게 있느뇨? 분쟁이 뉘게 있느뇨? 원망이 뉘게 있느뇨? 까닭 없는 상처가 뉘게 있느뇨? 붉은 눈이 뉘게 있느뇨? 술에 잠긴 자에게 있고 혼합한 술을 구하러 다니는 자에게 있느니라. 포도주는 붉고 잔에서 번쩍이며 순하게 내려가나니 너는 그것을 보지도 말지어다. 그것이 마침내 뱀 같이 물 것이요 독사 같이 쏠 것이며 또 네 눈에는 괴이한 것이 보일 것이요 네 마음은 구부러진 말을 할 것이며 너는 바다 가운데에 누운 자 같을 것이요 돛대 위에 누운 자 같을 것이며 네가 스스로 말하기를 사람이 나를 때려도 나는 아프지 아니하고 나를 상하게 하여도 내게 감각이 없도다. 내가 언제나 깰까 다

시 술을 찾겠다 하리라."(잠 23:29~35)

술을 마시면 재난을 당합니다.

술을 마시면 근심하게 됩니다.

술을 마시면 다투게 됩니다.

술을 마시면 탄식하게 됩니다.

술을 마시면 까닭도 모를 상처를 입습니다.

술을 마시면 눈이 충혈 됩니다.

술을 당장 끊으십시오.

성령님, 빛의 자녀로 살게 해주세요

당신은 평소에 어떤 사람을 사귑니까?

하나님의 사람은 더러운 사람, 부정적인 사람, 어둠의 일을 행하는 사람과 사귀지 말아야 합니다. 교회를 다니면서도 더러운 습관을 그대로 가진 사람들이 있습니다.

에베소서 5장 3~6절에 이렇게 말씀합니다.

"음행과 온갖 더러운 것과 탐욕은 너희 중에서 그 이름조차도 부르지 말라. 이는 성도에게 마땅한 바니라. 누추함과 어리석은 말이나 희롱의 말이 마땅치 아니하니 오히려 감사하는 말을 하라. 너희도 정녕 이것을 알거니와 음행하는 자나 더러운 자나 탐하는 자 곧 우상 숭배자는 다 그리스도와 하나님의 나라에서 기업을 얻지 못하리니 누구든지 헛된 말로 너희를 속이지 못하게 하라. 이로 말미암아 하나님의 진노가 불순종의 아들들에게 임하나니."

그러면 어떻게 해야 할까요?

"그러므로 그들과 함께 하는 자가 되지 말라."(엡 5:7)

나쁜 습관을 가진 자들과 함께하지 말아야 합니다.

그들과 어울려 다니지도 말고 그들의 행동을 본받지도 말아야 합니다. 당신은 빛의 자녀이고 주 안에서 빛이기 때문에 빛의 자녀들처럼 행해야 합니다. "너희가 전에는 어둠이더니 이제는 주 안에서 빛이라. 빛의 자녀들처럼 행하라. 빛의 열매는 모든 착함과 의로움과 진실함에 있느니라. 주를 기쁘시게 할 것이 무엇인가 시험하여 보라. 너희는 열매 없는 어둠의 일에 참여하지 말고 도리어 책망하라. 그들이 은밀히 행하는 것들은 말하기도 부끄러운 것들이라. 그러나 책망을 받는 모든 것은 빛으로 말미암아 드러나나니 드러나는 것마다 빛이니라."(엡 5:8~13)

어둠의 일에 참여하지 마십시오. 도리어 책망하십시오.

성령님이 모든 것을 보고 계십니다. 은밀히 죄를 짓지 말고 성령님과 사람 앞에 부끄러운 일은 하지 마십시오.

주님께서 말씀하십니다. "그러므로 이르시기를 '잠자는 자여, 깨어서 죽은 자들 가운데서 일어나라. 그리스도께서 너에게 비추이시리라' 하셨느니라."(엡 5:14)

영적인 잠에서 깨어나고 다시 기도 생활을 시작하십시오. 기도하면 시험에 들지 않게 됩니다. 기도하면 거룩한 삶을 살게 됩니다. 기도하지 않으면 시험에 들게 됩니다.

기도하지 않으면 더러운 삶을 살게 됩니다.

"그런즉 너희가 어떻게 행할지를 자세히 주의하여 지혜 없는 자 같이 하지 말고 오직 지혜 있는 자 같이 하여 세월을 아끼라. 때가 악하니라. 그러므로 어리석은 자가 되지 말고 오직 주의 뜻이 무엇인가 이해하라."(엡 5:15~17)

세월을 아끼고 오로지 기도하는 일과 말씀 사역에 힘쓰십시오. 육신의 일을 한다고 세월을 다 보내지 마십시오.

"술을 안 마시면 뭘 먹나요?"

성령의 술을 마시면 됩니다. "술 취하지 말라. 이는 방탕한 것이니 오직 성령으로 충만함을 받으라."(엡 5:18)

빛의 자녀가 가져야 할 좋은 습관들이 있습니다.

무엇일까요? 바로 이것입니다. "시와 찬송과 신령한 노래들로 서로 화답하며 너희의 마음으로 주께 노래하며 찬송하며 범사에 우리 주 예수 그리스도의 이름으로 항상 아버지 하나님께 감사하며 그리스도를 경외함으로 피차 복종하라."(엡 5:19~21) 성령의 술에 취해 늘 찬송하고 기도하고 감사하는 것입니다. 이것이 곧 하나님 나라입니다.

이러한 하나님의 나라가 성령으로 당신에게 임했습니다. 날마다 덩실덩실 춤추며 행복하게 살기 바랍니다.

| 좋은 습관 |

감사도 원망도 습관
부지런도 게으름도 습관
긍정도 부정도 습관
순종도 불순종도 습관
희망도 절망도 습관

최고이신 성령님,
좋은 습관을 가지게 해주세요.

나는 오늘도 성령님께 도움을 구합니다.

"사랑하는 성령님, 오늘도 제가 성령 안에서 영적으로 좋은 습관을 갖게 해주세요. 좋은 습관이 쌓이고 쌓여서 하나님께 영광 돌리고 또 많은 사람을 살리게 해주세요. 저는 영혼의 어부로 살고 싶습니다. 주님, 부탁합니다."

성령님과 함께 전도하라

당신은 전도에 힘쓰고 있습니까?

나는 때를 얻든지 못 얻든지 전도합니다.

내가 예전에 다녔던 교회 목사님은 부흥 강사였는데 뜨거운 열정으로 전도하는 분이었습니다. 그분은 전도의 불이 붙은 분이었습니다. 그분은 기도원도 자주 가고 부흥회도 자주 열었는데 그때마다 사람들을 데려 와야 했습니다.

나는 함께 기도원에 가고 또 교회에서 부흥회를 열면 재미있게 느껴졌습니다. 그래서 '누굴 데려올까? 어디서 불러올까?' 하고 늘 찾아서 데려오곤 했습니다.

한 번은 기도원에 가는데 옆집에 사는 아주머니를 데려갔습니다. 아주머니가 너무 좋아하면서 헌금을 하고 싶은데 돈이 없다며 빵 굽는 오븐기를 팔아서 헌금하려고 했습니다. 성령님이 그런 마음을 주셨네요. 은혜입니다.

그리고 부활절이면 전도하기 너무 좋습니다.

'어떻게 사람을 불러 갈까?' 생각하며 이 사람 저 사람에게 얘기했는데 아무도 안 간다고 했습니다. 그래서 부활절 아침에 놀이터에 가서 기도했습니다.

"하나님, 열 명 이상 주세요."

그리고 놀이터에 모여 있는 아이들을 다 데리고 교회

가서 예배했습니다. 나중에 목사님이 내게 "파출소에서 전화가 왔다"고 했습니다. 내가 아이들을 다 데리고 왔다며, 목사님이 잘 말씀드리고 아이들을 돌려보냈습니다.

또 한 번은 '이웃 사랑 초청 주일'에 기도했습니다.

"성령님, 어떻게 해요?"

그리고 공원에 갔는데 할머니 한 분이 집에 갔다 금방 오신다고 했는데 아무리 기다려도 오지 않았습니다.

그래서 "성령님, 어떻게 해요?" 하면서 누구든지 만나면 교회에 데려가려고 했습니다. 그때 어떤 아주머니가 처음으로 고추를 팔려고 나왔습니다. 그래서 그 아주머니 고추를 다 사겠다고 하니까 교회에 와서 예배 잘 드리고 식사하고 가셨습니다. "하나님 아버지, 감사합니다."

또 우리 교회에서 부흥회를 하는데 '누구를 데려 갈까?' 하다가 엄마한테 전화했습니다. 엄마가 오시겠데요.

엄마를 모시고 가니까 예배 시간 내내 재미있게 웃으며 듣도록 말씀을 잘 전하시는 강사 목사님이 오셨습니다.

나와 엄마는 계속 웃다가 집에 왔습니다. 엄마가 말했습니다. "경애야, 내 평생에 이렇게 웃어 본 적은 처음이다." "나도 처음이에요" 하고 웃었습니다. 그 다음 날도 아버지 밥을 해 드리고 일찍 오셔서 예배 잘하고 웃고 웃다가 집에 가셨습니다. 모든 것이 하나님의 은혜입니다.

나는 부활절이 그렇게 좋습니다.

나를 위해 죽으시고 부활하신 예수님이 좋습니다.

그리고 예수님의 몸 된 교회를 섬길 수 있어 좋습니다.

나는 기도합니다. "나에게 교회 행사할 때 섬길 수 있는 귀한 마음, 좋은 습관을 주신 하나님 아버지, 감사합니다. 예수님, 감사합니다. 성령님, 감사합니다."

책으로 전도하고 선교하라

성령 안에서 책으로 선교하라

당신은 평생 살면서 책을 써 봤습니까?

나는 그동안 책을 여러 권 써냈습니다. 하나님의 은혜입니다. "책에 써서 후세에 영원히 있게 하라."(사 30:8)

하나님은 내게 김열방 목사님을 통해 예수님이 십자가에서 다 이루었다는 온전한 복음의 책을 읽게 해주시고 많은 깨달음을 주셨습니다. 그리고 시간이 흐르자 나로 하여금 책을 쓰게 해주셨습니다. 꿈만 같은 일입니다.

"하나님 아버지, 억만 번이나 감사합니다. 내가 책을 쓴다는 건 평생 생각도 못했습니다. 그런데 하나님이 하셨습니다. 최고의 전도 전략이 책 전도와 책 선교네요."

복음이 담긴 책이 너무 재미있습니다. 책을 잡고 읽으면서 울기도 하고 웃기도 합니다. 한 번 읽게 되면 손에서 놓을 수가 없네요. 계속 읽고 또 읽고 싶은 책입니다.

책 속에 어떤 내용이 있을까 궁금하고 또 기대가 됩니다. 새로운 책이 나오면 또 무엇이 있을까 기다려집니다.

책을 읽고 또 읽고 또 읽습니다. 좀 희한합니다.

나도 잘 모르겠어요. 왜 자꾸 읽고 싶은지…….

감동과 감격과 빛으로 가득 채워진 책, 하나님의 은혜로 가득 채워진 책, 믿음으로 가득 채워진 책, 복음으로 가득 채워진 책, 성령으로 가득 채워진 책이어서 그런가 봅니다. 당신도 복음의 책을 읽게 되면 최고의 인생, 황홀하고 찬란하고 눈부신 인생, 휘황찬란한 인생이 됩니다.

당신도 꼭 책을 쓰기 바랍니다.

왜 이렇게 책을 쓰는 것이 좋을까요?

나도 정말 알 수 없습니다. 내 안에 성령님이 계시니까 성령님이 그런 마음을 주십니다. 그래서 나도 책을 쓰고 또 다른 사람에게도 꼭 책을 쓰게 해주고 싶습니다.

"성령님, 이제 만나는 사람마다 책 쓰라고 이야기할게

요. 많은 사람들이 저처럼 책을 쓰면 좋겠습니다."

당신도 성령님을 만났습니까? 그렇다면 책에 쓸 내용이 아주 많은 것입니다. 당신이 쓴 책을 통해 많은 사람이 변화될 것입니다. 내 인생에 가장 잘한 일 중에 하나가 있다면 그것은 바로 책을 써낸 것입니다. 다른 것은 다 사라져도 책은 자손 천대까지 남아 많은 영향을 끼칩니다.

사실 내 힘으로는 책을 한 줄도 못 씁니다. 그래서 나는 지혜의 영이신 성령님께 도움을 구합니다.

"성령님, 책을 써내게 해주셔서 감사합니다. 제 평생 100권 넘는 책을 써내고 그 책으로 온 천하에 복음을 전하면 좋겠습니다. 성령님, 저에게 더 많은 지혜를 주세요. 저를 도와주세요. 가르쳐 주세요. 그래서 세상 모든 사람들이 성령님과 함께 크고 비밀한 인생, 어두움에서 빛의 인생으로 바뀌게 해주세요. 천국 같이 살다가 천국에 가는 인생이 되게 해주세요. 성령님, 억만 번이나 감사합니다."

당신도 성령님께 도움을 구하세요. 그러면 지혜를 후히 주십니다. 그러면 당신도 책을 써내게 될 것입니다.

성령님께 지혜를 구하라

당신은 성령님께 지혜를 구합니까?

나는 매일 지혜를 구합니다. 사람이 학교에서 배운 교과서에 나오는 '학과 지식'으로만 평생 살 수는 없습니다.

성경은 지혜가 있어야 성공한다고 말씀합니다.

"오직 지혜는 성공하기에 유익하니라."(전 10:10)

그런데 지혜를 구하지 않는 사람들이 많습니다. 지혜의 가치를 몰라서 그렇습니다. 학창시절에 남들보다 좀 더 나은 점수를 얻기 위해 많은 돈을 들여가며 사교육을 받습니다. 10점, 20점, 더 많은 점수를 얻어도 도토리 키 재기에 불과합니다. 학교를 졸업하고 나면 상자와 칸막이가 아닌 더 넓고 큰 세계가 열립니다. 학교에서 공부를 잘하고 칭찬들은 사람이 사회에서도 성공한단 법이 없습니다.

인생은 지혜가 있어야 성공합니다. 성령님은 지혜의 영이십니다. 그러므로 성령님께 지혜를 얻어야 합니다.

지혜를 얻으려면 어떻게 해야 할까요?

첫째, 자신이 지혜가 부족하다는 사실을 인정해야 합니다. "너희 중에 누구든지 지혜가 부족하거든."(약 1:5)

이걸 인정하지 않으면 지혜를 구할 수 없습니다. '내가 그래도 머리가 좋고 학교에서도 공부 잘한다고 인정받았어. 일류 대학도 졸업하고 박사 학위도 있어'라는 사람은 자신의 부족함을 인정하지 않기 때문에 하나님께 지혜를 구할 필요를 못 느끼게 됩니다. 그래서 인생을 힘들고 고달프게 살게 되며, 자기 힘으로 겨우 먹고 살 정도의 밑바닥 인생에 머물게 되는 것입니다.

"나는 공부도 잘하고 잘생기고 다 갖추었어."

그런 사람이 오히려 세상에서 고생을 많이 합니다.

사람들이 볼 때는 뭔가 좀 부족한 것 같은데 하나님이 지혜를 주셔서 눈에서 총기가 흐르는 사람이 성공합니다.

목마른 자가 물을 찾고 주린 자가 음식을 찾습니다. 마음이 가난하고 갈급한 자가 말씀과 성령을 찾습니다. 마찬가지로 지혜가 부족하다고 느끼는 자가 지혜를 구합니다.

하나님은 정직한 자를 후대하십니다. 그러므로 아침에 눈을 뜨면 정직하게 "하나님, 저는 지혜가 부족합니다"라고 고백하십시오. 그러면 기적이 일어나기 시작합니다.

둘째, 하나님이 모든 사람에게 지혜를 후히 주신다는 것을 알고 믿어야 합니다. "모든 사람에게 후히 주시고." (약 1:5) 하나님이 누구에게 지혜를 주십니까? 그리고 후히 주십니까? 왕이나 제사장, 선지자가 아닙니다. 목사님이나 장로님이 아닙니다. 성경에는 분명히 "모든 사람에게"라고 했습니다. 그 모든 사람 안에 당신이 포함되어 있습니다. 그렇지 않습니까? 거기에 당신의 이름을 넣어서 다시 또박또박 소리 내어 읽어보십시오.

"하나님이 '박경애'에게 지혜를 후히 주신다."

셋째, 하나님이 꾸짖지 않으신다고 믿어야 합니다.

"꾸짖지 아니하시는 하나님께 구하라."(약 1:5) 사람들이 하나님께 무엇이든지 담대하게 구하지 못하는 이유 중에 하나가 '혹시 그분이 나를 꾸짖으시면 어떻게 하나?'라는 두려움 때문입니다. 이것은 마귀의 거짓입니다. 우리는 두려워하는 영을 받지 않았고 양자의 영을 받았습니다. 그래서 하나님을 향해 '아빠 아버지'라 부르게 되었습니다.

오늘날 많은 사람들이 잘못된 가르침을 받습니다.

그것이 무엇일까요? "하나님이 네가 구하는 것에 대해 꾸짖으실 것이다"라는 것입니다. 결코 그렇지 않습니다.

"네가 성령을 구하면 하나님이 꾸짖으실 것이다."
"네가 방언을 구하면 하나님이 꾸짖으실 것이다."
"네가 지혜를 구하면 하나님이 꾸짖으실 것이다."
"네가 재정을 구하면 하나님이 꾸짖으실 것이다."
"네가 자녀를 구하면 하나님이 꾸짖으실 것이다."

"네가 땅과 집, 차, 옷을 구하면 하나님이 꾸짖으실 것이다. 네가 뭐라도 큰 것을 구하면 하나님이 꾸짖으실 것이다. 그런 것을 구하는 것은 하나님의 뜻이 아니다."

그렇지 않습니다. 예수님은 무엇이든지 구하라고 하셨습니다. 여기에는 말 그대로 제한이 없습니다.

우리가 크다고 생각하는 것들이 성령님께는 통의 한 방울 물과 같고 저울의 작은 티끌 같다고 했습니다. 교회는 다 구하지 않습니까? 넓은 땅을 구하고 성전 건축하기를 갈망합니다. 하나님의 자녀도 다 구해도 됩니다.

예수님이 말씀하셨습니다. "지금까지는 너희가 내 이름으로 아무 것도 구하지 아니하였으나 구하라. 그리하면 받으리니 너희 기쁨이 충만하리라."(요 16:24)

사람들이 얼마나 두려워했으면 예수님이 이런 비유를 들었겠습니까? "너희 중에 아버지 된 자로서 누가 아들이 생선을 달라 하는데 생선 대신에 뱀을 주며 알을 달라 하는데 전갈을 주겠느냐? 너희가 악할지라도 좋은 것을 자식에게 줄 줄 알거든 하물며 너희 하늘 아버지께서 구하는 자에게 성령을 주시지 않겠느냐?"(눅 11:11~13)

사람들은 뭔가를 구하는 것을 굉장히 두려워합니다.

그들은 성령을 구하는 것조차 두려워합니다.

'성령을 구했는데 악령을 주시면 어떻게 하나?'

하늘 아버지는 그런 분이 아닙니다. 그분은 성령을 구하는 자에게 성령을 주시고 지혜를 구하는 자에게 지혜를 주십니다. 그러니 무엇이든지 담대하게 구하십시오.

넷째, 구해야 주십니다. 안 구하면 안 주십니다.

"그리하면 주시리라"(약 1:5)고 했습니다. "그리하면"이 무슨 말입니까? 구하면 주신다는 것입니다. 사람들이 지혜를 비롯해서 많은 좋은 것들을 아버지께 받지 못하는 이유는 단 한 가지입니다. 구하지 않기 때문입니다.

야고보 사도는 말했습니다.

"너희는 욕심을 내어도 얻지 못하여 살인하며 시기하여도 능히 취하지 못하므로 다투고 싸우는도다. 너희가 얻지 못함은 구하지 아니하기 때문이요. 구하여도 받지 못함은 정욕으로 쓰려고 잘못 구하기 때문이라."(약 4:2)

여기서 분명히 "너희가 얻지 못함은 구하지 아니하기 때문이요"라고 했습니다. 다른 이유가 없습니다.

"구하여도 받지 못함은 정욕으로 쓰려고 잘못 구하기 때문이라고 했잖아요? 제가 정욕으로 쓰려고 잘못 구하는 건 아닐지 두려워요. 그러면 꾸짖으실 것 아니에요."

"정욕으로 쓰려고 잘못 구한다"는 말에 매인 것입니다.

정욕이 무엇입니까? '십계명을 어기는 것'입니다. 살인하며 시기하고 다투고 싸우는 것입니다. 하나님의 자녀가 일부러 그런 것을 위해 무엇을 구하지는 않습니다. 죄를 짓기 위해 무엇을 구하는 것이 곧 정욕으로 쓰려고 잘못 구하는 것입니다. 그 외에는 무엇이든지 구해도 됩니다.

무엇이든지 담대하게 구하십시오.

"그를 향하여 우리가 가진 바 담대함이 이것이니 그의 뜻대로 무엇을 구하면 들으심이라. 우리가 '무엇이든지' 구하는 바를 들으시는 줄을 안즉 우리가 그에게 구한 그것을 얻은 줄을 또한 아느니라."(요일 5:14~15)

사람들은 하나님의 뜻을 놓고 고민합니다.

"하나님의 뜻대로 구해야 들으신다고 했잖아요?"

하나님의 뜻이 무엇입니까? "무엇이든지 구하라"입니다. 죄 짓는 것만 아니면 무엇이든지 구해도 됩니다.

무엇보다 하나님께 더 많은 지혜를 구하십시오.

다섯째, 오직 믿음으로 구하고 조금도 의심하지 말아야 합니다. "오직 믿음으로 구하고 조금도 의심하지 말라. 의심하는 자는 마치 바람에 밀려 요동하는 바다 물결 같으니 이런 사람은 무엇이든지 주께 얻기를 생각하지 말라. 두 마음을 품어 모든 일에 정함이 없는 자로다."(약 1:6~8)

오직 믿음이라고 했습니다. 지혜를 구할 때 오직 믿음으로 구하십시오. 그러면 주십니다. 그리고 받은 줄로 믿고 조금도 의심하지 마십시오. 예수님은 "너희가 무엇이든지 기도하고 구하는 것은 받은 줄로 믿으라. 그리하면 그대로 되리라"(막 11:24)고 하셨습니다. 언제 믿어야 합니까? 기도하고 구하는 중에 이미 받은 줄로 믿어야 합니다.

그러면 기도하고 구한 그대로 된다고 하셨습니다.

그리고 조금도 의심하지 말아야 합니다.

예수님은 기도하고 구했으면 마음에 의심하지 말라고 하셨습니다. "하나님을 믿으라. 내가 진실로 너희에게 이르노니 누구든지 이 산더러 들리어 바다에 던져지라 하며 그 말하는 것이 이루어질 줄 믿고 마음에 의심하지 아니하면 그대로 되리라."(막 11:22~23)

많은 사람들은 담대하게 기도하고 구합니다. 그리고 정말 그것을 원한다고 입술로 말합니다. 안타깝게도 그런 다음에 며칠 있어도 변화가 없으면 쉽게 의심합니다.

그래서 응답을 하나도 못 받는 것입니다.

"그 말하는 것이 이루어질 줄 믿고 마음에 의심하지 아니하면 그대로 되리라."(막 11:23)

말하는 것과 마음에 의심하는 것 사이에는 어느 정도의 시간이 흐르고 있습니다. 그때 의심하지 말아야 합니다.

예수님께서 예루살렘에 이르러 성전에 들어가셨고 모든 것을 둘러보셨습니다. 때가 이미 저물었기 때문에 열두 제자를 데리고 베다니에 나가셨습니다. 이튿날 그들이 베다니에서 나왔을 때에 예수님께서 시장하셨습니다.

예수님은 멀리서 잎사귀 있는 한 무화과나무를 보시고 혹 그 나무에 무엇이 있을까 하여 가셨습니다. 가서 보신즉 잎사귀 외에 아무 것도 없었습니다. 이는 무화과의 때가 아니었기 때문입니다. 예수님께서 나무에게 말씀하셨습니다. "이제부터 영원토록 사람이 네게서 열매를 따 먹지 못하리라." 제자들이 그 말을 들었습니다. 예수님과 제자들이 예루살렘에 들어가서 성전을 정화하셨고 날이 저물자 성 밖으로 나갔습니다. 그들이 아침에 지나갈 때에 무화과나무가 뿌리째 마른 것을 보고 베드로가 생각이 나서 말했습니다. "랍비여, 보소서. 저주하신 무화과나무가 말랐습니다." 언제 말랐습니까? 다음날 아침입니다.

예수님이 말씀하시고 하루가 지난 것입니다.

이것이 믿음의 세계입니다.

기도하고 구한 것, 입술로 말한 것을 받았다고 믿고 어느 정도 시간이 지나면 그대로 이루어집니다. 그동안 조금도 의심하지 말아야 합니다. 지혜를 구하고 받았다고 믿고 마음에 조금도 의심하지 마십시오. 그러면 그대로 됩니다.

당신에게 기적이 일어날 것입니다.

온전한 복음을 믿으라

당신은 어떤 생각과 말을 하며 삽니까?

인생은 생각하고 말하면서 사는 건데, 어떤 생각과 말을 해야 하는지 나는 잘 몰랐습니다. 지금이야 쉽습니다.

최고이신 성령님한테 물어보면 됩니다. 그러면 성경에 나오는 모든 내용이 기억나고 생각나게 해주십니다.

예수님이 제자들에게 말씀하셨습니다.

"보혜사 곧 아버지께서 내 이름으로 보내실 성령 그가 너희에게 모든 것을 가르치고 내가 너희에게 말한 모든 것을 생각나게 하리라."(요 14:26)

예전에는 성령님을 몰랐으니까 일단 말을 좀 적게 하려고 했습니다. 이제는 참 편안하고 좋습니다. 최고이신 성령님이 내 안에 계시니까 무엇이든 물어보면 됩니다.

너무 감사하고 고맙죠. 당신도 그렇게 하세요.

순간마다 이렇게 물으면 됩니다.

"성령님, 어떻게 할까요?"

그러면 그분이 정말 도와주십니다.

최고이신 성령님이 내 인생을 바꾸셨습니다.

어떻게요? 온전한 복음의 책을 읽게 해주시고 복음의 내용으로 생각하고 말하며 살게 해주셨습니다. 어떻게 보면 너무나도 쉬운 건데 그동안 잘 모르고 살았습니다.

이제는 깨달았으니 평생 복음 안에서 살 것입니다.

베드로는 '복음'이 곧 하나님의 말씀이라고 했습니다.

"너희가 거듭난 것은 썩어질 씨로 된 것이 아니요 썩지 아니할 씨로 된 것이니 살아 있고 항상 있는 하나님의 말씀으로 되었느니라. 그러므로 모든 육체는 풀과 같고 그 모든 영광은 풀의 꽃과 같으니 풀은 마르고 꽃은 떨어지되 오직 주의 말씀은 세세토록 있도다 하였으니 너희에게 전한 복음이 곧 이 말씀이니라."(벧전 1:23~25)

나는 평생 내 입술로 복음만 말하고 살 것입니다.

하나님이 내게 생명을 주시고 입을 주셨다는 것, 동물

이 아닌 사람이 되어 말을 할 수 있다는 것, 그것도 하나님의 말씀 곧 복음의 말을 하며 살게 해주셨다는 것, 이것이 내게는 너무나도 큰 축복이고 하나님의 은혜입니다.

"하나님 아버지, 억만 번이나 감사합니다. 이 복음의 말씀이 다른 사람에게 또 다른 사람에게 계속 전해지게 해주세요. 때를 얻든지 못 얻든지 전해지고 또 전해져서 모두가 복음으로 살아나게 해주세요. 입술의 말로 또 이렇게 책으로 계속 전해지게 해주세요. 그래서 세상 모든 영혼이 살아나게 해주세요. 세상 모든 사람이 저처럼 복음을 누리고 전하는 행복한 인생을 살았으면 좋겠습니다."

다 이루었다. 믿기만 하라

당신은 온전한 복음이 무엇인지 아십니까?

온전한 복음은 예수님이 십자가에서 우리 대신 피와 물을 쏟으며 죄와 저주에 대한 값을 다 지불하고 "다 이루었다"(요 19:30)고 외치고 죽으셨다는 것입니다. 그리고 그분은 죄가 없는 하나님의 아들이시므로 죽은 지 사흘 만에 죄의 권세, 사망의 권세를 깨뜨리고 부활하셨습니다.

예수님을 믿는 사람은 영원히 죽지 않습니다.

"예수께서 이르시되 나는 부활이요 생명이니 나를 믿는 자는 죽어도 살겠고 무릇 살아서 나를 믿는 자는 영원히 죽지 아니하리니 이것을 네가 믿느냐?"(요 11:25~26)

"아멘, 믿습니다."

이것을 믿는 당신은 새로운 피조물이 되었습니다.

"그런즉 누구든지 그리스도 안에 있으면 새로운 피조물이라 이전 것은 지나갔으니 보라 새것이 되었도다."(고후 5:17) 새로운 피조물은 일곱 가지의 복을 받습니다.

무엇일까요? 죄와 목마름, 병과 가난, 어리석음과 징계와 죽음이 사라지고 의와 성령 충만, 건강과 부요, 지혜와 평화와 생명입니다. 이것이 온전한 복음입니다.

"나는 의인이다."(롬 1:17)

"나는 성령 충만하다."(요 7:38)

"나는 건강하다."(마 8:17)

"나는 부요하다."(고후 8:9)

"나는 지혜롭다."(엡 1:8)

"나는 평화롭다."(사 53:5)

"나는 생명을 가졌다."(요 6:47)

자동차 바퀴가 네 개 다 있어야 잘 달리는 것처럼 우리 인생에도 이러한 것이 모두 있어야 합니다. 하나라도 펑크 나면 제대로 달릴 수 없고 모든 것을 멈춰야 합니다.

의를 잃은 사람, 성령님의 기름 부으심이 나타나지 않는 사람, 건강을 잃은 사람, 재정적으로 큰 빚을 지고 파산한 사람, 지혜가 없어서 자꾸 미혹되는 사람, 마음이 불안하고 두려운 사람, 사망에게 붙잡힌 사람을 생각해 보십시오. 온전하다고 할 수 없습니다. 하나님은 그분의 자녀가 모든 면에 온전하기를 원하십니다. 그렇지 않습니까?

"평강의 하나님이 친히 너희를 온전히 거룩하게 하시고 또 너희의 온 영과 혼과 몸이 우리 주 예수 그리스도께서 강림하실 때에 흠 없게 보전되기를 원하노라."(살전 5:23)

나는 이러한 온전한 복음을 깨닫고 누리게 해주신 하나님의 크신 은혜에 날마다 감사하고 감격합니다.

"최고이신 성령님, 날마다 온전한 복음을 말하며 살 수 있게 해주셔서 감사합니다. 이러한 내용의 말씀을 깨닫도록 자세하게 가르쳐 주시고 말씀해 주시고 지혜를 주시고 능력을 주시고 은혜를 주셔서 정말 감사합니다. 제 평생 사는 동안 하루하루 오직 복음의 말만 선포하며 살겠습니다. 죄와 목마름, 병과 가난, 어리석음과 징계와 죽음의 지옥 같은 인생을 의와 성령 충만, 건강과 부요, 지혜와 평화와 생명으로 바꿔 주시고 지옥 같이 불행한 인생을 천국 같이 행복한 인생으로 바꿔 주셔서 감사합니다. 이러한 온전한 복음 안에서 사는 제 삶, 최고의 삶입니다. 이렇게 되게 해주신 하나님 아버지, 억만 번이나 감사합니다. 예수님, 억만 번이나 사랑합니다. 성령님, 억만 번이나 행복합니다. 예수님 이름으로 기도 드립니다. 아멘."

최고이신 성령님을 만나라

초판 1쇄 인쇄 | 2024년 7월 10일
초판 1쇄 발행 | 2024년 7월 20일

지은이 | 박경애

발행인 | 김사라
발행처 | 날개미디어
등록일 | 2005년 6월 9일, 제2005-44호
주소 | 서울특별시 송파구 백제고분로9길 6(잠실동, A동 3층)
전화 | 02)416-7869
메일 | wgec21@daum.net

종이책 ISBN : 979-11-92329-41-3. 03230
전자책 ISBN : 979-11-92329-42-0. 05230

종이책값 20,000원
전자책값 20,000원